～サラリーマン・ＯＬの将来を豊かにする
「３点倒立生活」のススメ～

不動産投資で人生が熱くなる！

「火の玉ガール」こと
日野たまき

はじめに

はじめまして。火の玉ガールこと、日野たまきと申します。

大学3年生に体験した阪神淡路大震災をきっかけに「人生、いつどこでどんなことが起きるか分からない。何かあったときに役に立つのは学力どうこうよりもサバイバル能力だ。どんな環境でも生き延びるすべを身につけなくては」と考えるようになりました。


そして、就職の内定を蹴って卒業式も出ず、単身中国に留学しました。

一言も中国語を話せないにも関わらず、「世界で一番人口が多い国だから」と安直に選び、飛び込んだ中国では、資金もない中で言語の習得を目指して必死の1年間を過ごしました。

帰国後、不安定な派遣社員という立場でツアーコンダクターになり、月収10万円以下の日々・・・。その後、2001年世界同時多発テロの影響により、添乗の仕事がなくなり、職を求めて上京しました。

現在は、中国インバウンド旅行業務に従事して16年目の現役サラリーマン（ＯＬ）

です。家族構成は夫・小学生の息子の3人家族で、東京都内に暮らしています。

2011年、東日本大震災を機に人生を見つめ直し、「ひと」と「お金」に関する問題にもっと深くかかわりたいと、社会保険労務士を取得。翌年にファイナンシャル・プランニング技能士2級を取得しました。

その資格取得の過程で知った、不動産投資の魅力にハマります。

2013年と2014年の2年間で区分マンションを2戸、戸建て2棟、アパート2棟（2戸＋4戸）の計10戸を買い進めました。

2014年末は仲のよかった義理の父が亡くなりました。

お義父さんは元不動産鑑定士ということで、よき相談相手であり、1号物件では融資の保証人をお願いし、何かと協力していただきました。私が購入しようと検討した物件を、現地まで見に行ってくださり、鑑定書をつくって送ってくれたこともあります。

お義父さんも不動産が大好きでしたが、その話をできる身内がいなかったようです。息子の嫁である私を通じて、不動産に関われたのは嬉しかったと思います。

血の繋がった親子以上に仲がよかっただけに、義父の他界はショックで2015年は活動を停止していました。

全くモチベーションが上がらなくて不動産を探す気になれなかったのです。

しかし、2016年から、火の玉ガールは装いも新たに復活しました。

自身の物件を満室運営することにくわえて、義父からの相続で配偶者とともに不動産所有法人を引き継ぎ、その物件再生・運営も行っています。

また、本書の執筆も新しいチャレンジのひとつです。

私自身、人に誇れるような規模の不動産を所有しているわけではありません。

ただ、多くのサラリーマン投資家がそうであるように、本業である仕事をしっかり行いながら、大切な家庭を守りながら、子どもにもしっかり目をかけつつ、投資活動を行っています。

人から「火の玉」と呼ばれるほど、熱い私です。

ご縁があって、執筆のお話をいただき、ぜひ「火の玉式」の不動産投資術をお伝えできればと思いました。

私の不動産投資の特徴は、「不動産投資だけ」をがんばるのではありません。

・サラリーマンとしての生活（仕事）
・家計のやりくり教育などを含めた家族との暮らし（家庭）
・収益性をとことん追求しつつ身の丈にあった投資（投資）

この3つを両立する「3点倒立生活」を目指しています。

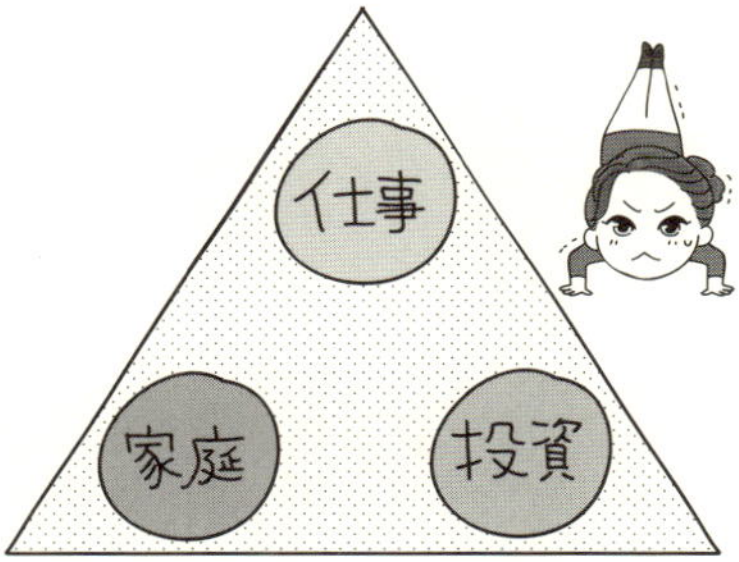

考えてもみてください。仕事で結果を出しても、家族で幸せに暮らせなければ意味はありません。もちろん、投資も同じです。

詳しくは本文に譲りますが、安定した「3点倒立生活（仕事・家庭・投資）」の成立によって、毎日が楽しく、前向きに、行動的になります。

その結果、人生が「熱く」なるのです！

この「3点倒立生活」を成立させるために、序章では、私の日々の生活・・・時間をどのように使っているのかをお伝えします。

時間術といってしまうと大げさですが、私は公私にわたって無駄のない効率的な生活を過ごすよう工夫しています。子どもを持つ共働き家庭は忙しいもの。そんな中でどのような時間の使い方をすべきか。そのヒントになれば幸いです。


本編のスタートである第1章では、私の収入源のひとつである不動産投資について、そのきっかけから、勉強時代、10戸の不動産を取得したエピソードを紹介します。ここではノウハウではなく、私の実体験に基づいて、副収入である月額家賃収入40万円以上をいかにして得ているのかをお伝えします。

第2章では収入を支える「仕事」です。楽しく仕事をするためのノウハウを「楽しく仕事ができるサラリーマンの極意鉄則7ヶ条」と称して、詳しく解説しています。また、いかに残業をせずに帰宅するのか、当たり前を習慣化することの重要さにも触れています。

第3章は、生活の基盤となる「家庭」です。家庭の幸せのために、お金だけでなく時間も節約しながら、子どもの教育もしっかり行っていくのが「火の玉式」です。ファイナンシャルプランナーとして、家計に対する考え方も述べています。

第4章では、いよいよ本題の仕事で稼いだお金を働かせる方法、不動産投資のことをお伝えします。将来を含めて安定した生活を考えたとき、お金をためるだけでなく、投資が必要だと考えます。投資には様々な種類があり、私自身もいくつか行っていますが、主としているのは「不動産投資」です。

不動産投資は、ためたお金を活かせる最良の手段と考えます。第4章では、その基本から「ミスプライス物件」を見つけ出す方法、また、物件をより安く買うための交渉術を中心にお伝えします。

いまや不動産投資の裾野が広がり、ただマメに物件を探しているだけでは、良い物件が買えるような時代ではありません。指値をするにしても、より効果的な方法はあるのです。とくに「火の玉劇場」は必見です。

第5章では、働きながら、家庭を持ちながら、精力的に不動産投資を行っている大家さんへのインタビューです。時間の捻出法やモチベーション維持の方法、家庭と投資の向き合い方など、投資スタイル以外の話もたくさんお聞きしました！

ここ数年、不動産投資ブームが続いています。一口に高収益物件を狙った不動産投資といっても、アパートはもちろん、戸建ても競争率が高く、自分自身の条件に合致する物件はそう見つかりません。だからこそ、独自の路線が必要です。できるだけライバルのいないところで、あなただけの不動産投資のフィールドを見つけ出しましょう。

熱い心と行動を起こすパワーがあれば、難しいことはありません。

「高くて条件の合う物件が買えない」「私にはそんな才能はない」と簡単にあきらめないで、夢をもって粘り強くことにあたれば、チャンスは誰にでも必ず訪れます。

私もこのサバイバルな世の中をなんとか勝ち抜くためにとにかく行動しました。素人から不動産投資をはじめ、その結果、いまでは人生が大きく変わってきていることを実感しています。その私のステップと不動産投資術をこの本に詰め込みました。いままでの代わり映えのない日々に別れを告げ、充実した熱きワクワクした日々へ旅立ちたいあなた。ぜひ本書を読み進めてみてください。

日野たまき

◆ 目次 ◆

第2章 仕事を効率的にこなして「時間」をつくる

第3章 家庭・子育ても大切にしながら「お金」をつくる

第4章 ミスプライスを探せ！「火の玉式不動産投資術」

BANK

序章

火の玉式時間管理術

「時は金なり」という言葉がありますが、私にとっての「時間」は「命」と同等です。

寿命は人それぞれ違いますが、1日24時間、1年365日、という時間は地球上すべての生き物に与えられた平等の資産です。

それをどうやって使うか、によってその人の一生が決まります。

時間はお金では買えない、一番大切なもの

「時は金なり」そのことに気が付いたのは二度の大きな地震を経験し、「生きているってありがたい!」と骨身にしみて感じた、40の壁が目の前に迫った30代後半のことでした。

これまでの約40年間はお金も時間もたくさんの無駄遣いをしてきましたが、ここまでの選択の積み重ねが今の自分につながっているのですから、過去の自分には感謝をしないといけません。

人生80年としたら残りあと半分。その日その日を全力で生きて、「いつ死んでも後悔なし」と言える後半戦を送りたい、といつも考えています。

そんな私がいったいどんなスケジュールで一週間を過ごしているのか、ここに公開したいと思います。

朝は早く起きて自分の時間を確保しています。

5時に起床して洗顔後、コーヒーを入れて、6時半までブログや書籍の執筆、メール整理・返信、ネットでの不動産物件探しまたは株仕込みなどを行います。

6時半からは家事タイムです。前の晩にセットして乾燥の終わった洗濯物をたたんで片付ける、洗濯機の掃除、夕飯仕込み、朝食用意をして、7時には子どもを起こして、家族3人で朝食、学校や会社に出かける準備をします。

ちなみに朝はつくるようなものではありません。パン、ヨーグルト、コーヒー、バナナ、ジュース。朝食は結婚してから今まで、ずっと同じメニューです。必ずこれで量も一緒です。

そのため朝ごはんは時間も頭も使わず自動的に出るのです。子どもに「パン焼いといて~」と頼んだら「はーい!」といった感じです。こうして、朝は同じものを10年以上食

べ続けています。

もちろん、最初はいろいろ試してみました。卵やハムを焼いたり、ご飯にしたこともありますが、ご飯ではすごく洗い物が出ます。

夫婦で話し合い「こんなことを平日の朝からやってられない。朝はお腹が膨れさえすればいい、栄養が取れればそれでいい!」という意見に落ち着きました。こうしてレギュラー食材が決まったのです。

ヨーグルトなども、大きな容器に入ったプレーンヨーグルトを買えば、容器からお皿に入れる手間がかかります。そのため必ずカップヨーグルトにしています。

容器から移していたら、手間ですし皿が汚れます。洗い物を出したくない、洗いたくないからカップヨーグルトだけパカンと割って出すだけ。カップヨーグルトは甘いものが多いですが、『ダノンビオ』には砂糖不使用のものがあり愛用しています。

朝食と身支度が終われば、出勤です。

いつも7時45分には子どもといっしょに家を出ます。通勤時間中はｉＰａｄでオーディオブックを聞くか、または読書。ＳＮＳのチェックなどをします。

8時50分に会社へ到着。ここから13時の昼休みまでがむしゃらに働きます。

昼休みには就業中にかかってきた私用電話に折り返したり、メールチェック。資格取得期間はここでも参考書持ち込みで勉強していました。

この後、18時の定時ぴったりまで働き、18時8分の地下鉄で帰宅します。

19時に家に着いたら、その日によって夕食づくりまたは風呂の用意をします。

というのも、ダンナの勤務がシフト制ですから、そのシフトに合わせて、遅番でしたら私がご飯をつくる、早番であれば旦那がつくる・・・というように、その日によって家事分担を決めています。だいたい週の半分くらい食事担当をしています。

曜日によって19時半から20時になると子どもが習い事から帰ってきますので、そこで夕食です。

なお子どものテレビ鑑賞時間はゲームと合わせて平日30分、休日2時間以内のルール。平日は子どももほとんど時間がないので、大体夕食時に録りためたアニメなどをＣＭ

カットして家族で観ます。

そして、20時半にバスタイム、21時に子どもの宿題（学校＋塾）と翌日の用意を手伝います。塾の学習スケジュールは子ども専用の卓上カレンダーに毎日の課題を記載して（学習計画は子どもと2人で立てます）、それを見ながらその日の課題をこなします。

そして、21時半になって、ようやく子どもの自由時間（学習や用意がはやく終われば。たいがい30分では終わらず、22時近くまで奮闘しています）。

大人は夕食後の片付け、歯磨きなどの寝る準備をして、寝る前10分くらい読書タイムを取って就寝します。

休日に1週間のメニューを決める

これが休日（土曜・日曜・祝日）になると、起床時間は5時と変りませんが、7時半まで自分の時間となり平日よりはゆったりと過ごします。

子ども起床時間、朝食時間は同じです。ちなみにダンナの休みはバラバラなので、私と休日がかぶることは月に数回です。

休日は、子どもは午前中毎週サッカー（9時～12時）の練習がありますので8時45分に出かけます。

練習時は付き添いませんが、月に数回試合があるので、その場合はダンナか私のどちらかが同行します。車は保有していないので自転車か電車・バスなど片道1時間弱かけて送ります。2試合以上の日はほぼ終日つぶれます。

子ども練習時は、週休2日のうち、どちらかの半日は家事タイムです。

まずは1週間分の夕食献立と当番を決めて、その日のうちに買い物に行きます。メニューを決めるときは、夫婦で相談して破いたカレンダーの裏にメモをとります。

買い物は1週間に1回だけで、足りないものは平日にダンナが買いに行きます（今年の8月からコープを使い始めたので、今は宅配で取り寄せています）。

買い物をするときは、メモを確認しながらします。その際に特売が載っているチラシも見ません。チラシを見る時間はまず無駄だと思っていますし、特売の食品でメニュー

を組むのは至難の技！　結局、余計なものまで買ってしまうハメになります。

また、私は食材の値段も一切見ない主義です。とにかく決めたものだけ買います。

ただ調味料にはお金をかけて、必ずいいものを買います。味は調味料が決め手になりますから。

さらに、食材を無駄にしないよう工夫しています。例えば、もやしは週の初めのうちに使うメニューにするのです。もしくは茹でて冷凍にしておきます。我が家は冷凍野菜をよく使います。ほうれん草・ブロッコリー・ネギは必ず冷凍です。

子どものお弁当も朝ごはん方式で毎回同じ内容です。かなりの偏食でいろんなものをつくっても残します。ですから子供が好きなものばかり詰めた弁当を、同じメニューで持たせます。もちろん栄養には配慮しています。

とにかく同じ節約でも時間がかからずにできることを優先します。

帰って来たらその日の夕食はすぐに仕込んで残りの食材を冷蔵庫にしまい、家の掃除です。掃除箇所の分担は、私が水回り（トイレ・脱衣所・風呂・キッチン）、ダンナが全部屋掃除機と決まっています。

掃除時間は約1時間。見たいテレビ番組があれば、録りためてCMカットした録画をこの時間に「ながら観」してしまいます。子どもがいる時間帯だとチャンネル争いになりますので。資格勉強期間中は家にいる時間はずっとオーディオブックを流しています。

こうして買い出し、夕食仕込み、掃除がすべて終わるころ、息子がサッカーから帰ってきます。

隔週で、土曜か日曜の午後に塾のテスト（約3時間）があるので、テストの日は昼食後すぐに送り出し、ない日はたいがい友だちと遊ぶのでおやつを持たせて送り出します。

子どもが出かけたら、帰ってくる18時ころまでは自由時間です。このスケジュール上、自分の出かける用事は休日の14～17時ころが一番入れやすいです。

ただし、移動時間も考慮しなければいけないので、あまり遠くへは行けません。都心で開催される投資関連のセミナーや勉強会には、内容を吟味してできるだけクローズドの会に参加するようにします。

平日朝だけではこなしきれなかった執筆関連、不動産活動、株の調べもの、などもこの時間に行います。

18時には子どもが帰宅し、子どもがテレビ鑑賞している間に夕食を仕上げます。そして、19時にダンナがいれば家族そろって夕食。いなければ子どもと2人で夕食です。全員が休日のとき、月に一度くらいは外食します。

夕食後は子どもの学習タイム。塾の課題は多いので、土日も含め毎日学習時間を取ります。特にテストがあった場合はその採点と見直しを、1時間くらいかけて一緒にやります。

21時に風呂、21時半になって子どもとの遊びの時間です。ボードゲームや知育玩具、かるた、トランプ、読書など、子どもと一緒に遊べる（かつ学習に役に立つと思われる）アナログのゲームで30分ほど一緒に遊びます。

そして、22時には就寝します。

さて、ここまで私の生活を書き綴ってきましたが、いかがでしたでしょうか？ 書き出してみると、つくづく地味な生活ですね！ コツといえば、「時間を二重に使う」と「規則正しい生活を心がける」でしょうか。

家事や移動では手足は取られますが、耳は空いていますのでサウンドを使って情報を取り入れるのは、「ながら勉強」の基本です。

そして、毎日同じ時間に寝て、起きて、食事する（喫煙・

火の玉ガールの1日（平日）

時間	
5:00 6:30	起床。洗顔後、コーヒーを入れて、6時半まで自分の時間 （ブログや書籍の執筆、メール整理・返信、ネットでの不動産物件探しまたは株仕込み等） 家事。（前の晩にセットして乾燥の終わった洗濯物をたたんで片付ける、洗濯機の掃除、夕飯仕込み、朝食用意）
7:00	子どもを起こす。家族3人で朝食、出かける準備。
7:45	子どもと一緒に家を出る。通勤時間中はiPadでオーディオブックを聞くか、または読書。SNSチェックなど。
8:50	会社に到着
9:00	始業
13:00 ～ 14:00	昼休み。就業中にかかってきた電話に折り返したり、メールチェック。資格取得期間はここでも参考書持ち込みで勉強。
18:00	定時ぴったりに終業。18時8分の地下鉄で帰宅。
19:00	帰宅後、夕食づくりまたは風呂用意（ダンナと2人で当番制。ダンナの勤務はシフト制でバラバラなので、帰宅時間によってどの日にどちらが夕飯を作るか週末に相談して決定。週の半分くらい食事担当）。 子どもの習い事は、 月・金曜算盤＋進学塾（20時帰宅） 火・木算盤（19時半帰宅）。 水曜算盤＋空手（20時帰宅）
20:00	夕食。（子どものテレビ鑑賞時間はゲームと合わせて平日30分、休日2時間以内のルール。平日は子どももほとんど時間がないので、大体夕食時に撮りためたアニメなどをCMカットして家族で観ます）
20:30	風呂
21:00	子どもの宿題（学校＋塾）と翌日の用意を手伝います。 塾の学習スケジュールは子ども専用の卓上カレンダーに毎日の課題を記載して（学習計画は子どもと2人で立てます）、それを見ながらその日の課題をこなします。
21:30	子どもの自由時間（学習や用意がはやく終われば。たいがい30分では終わらず、22時近くまで奮闘しています）。大人は夕食後の片付け、歯磨きなどの寝る準備。
22:00	寝る前10分くらい読書タイムを取って就寝。

火の玉ガールの1日（休日）

時間	
5:00 6:30	起床、洗顔後、コーヒーを入れて、6時半まで自分の時間 （ブログや書籍の執筆、メール整理・返信、ネットでの不動産物件探しまたは株仕込み等） 家事。（前の晩にセットして乾燥の終わった洗濯物をたたんで片付ける、洗濯機の掃除、夕飯仕込み、朝食用意）
7:30	子どもを起こす。家族3人で朝食、出かける準備。（ダンナの休みはバラバラなので、私と休日がかぶることは月に数回です。）
8:45	子どもを見送る。 休日は、子どもは午前中毎週サッカー（9時～12時）。 練習時は付き添いませんが、月に数回試合があるので、 その場合はダンナか私のどちらかが同行します。 車は保有していないので自転車か電車・バスなど片道1時間弱かけて送ります。2試合以上の日はほぼ終日つぶれます。
AM	子ども練習時は、週休2日のうち、どちらかの半日は家事デーです。 1週間分の夕食献立と当番を決め、週の半分の食材買い出しに行きます。（買い物時間約1時間。残り半分はダンナが平日休みのときに買い出し）。帰って来たらその日の夕食はすぐに仕込んで残りの食材を冷蔵庫にしまい、家の掃除です。掃除箇所の分担は、私が水回り（トイレ・脱衣所・風呂・キッチン）、ダンナが全部屋掃除機と決まっています（掃除時間約1時間。見たいテレビがあれば撮りためてCMカットした録画をこの時間に「ながら観」してしまいます。子どもがいる時間帯だとチャンネル争いになりますので。また資格勉強期間中は家にいる時間はずっとオーディオブックを流しています）。
12:45	買い出し、夕食仕込み、掃除がすべて終わるころ、息子がサッカーから帰ってきます。隔週で、土曜か日曜の午後に塾のテスト（約3時間）があるので、テストの日はすぐに昼食を摂らせて風呂送り出し、ない日はたいがい友だちと遊ぶのでおやつを持たせて送り出します。
PM	子どもが出かけたら、帰ってくる18時ころまでは自由時間です。 このスケジュール上、自分の出かける用事は休日の14～17時頃が一番入れやすいです。ただし、移動時間も考慮しなければいけないので、あまり遠くへは行けません。都心で開催される投資関連のセミナーや勉強会には、内容を吟味してできるだけクローズドの会に参加するようにします。平日朝だけではこなしきれなかった執筆関連、不動産活動、株の調べもの、などもこの時間に行います。
18:00	子ども帰宅。子どもがテレビ鑑賞している間に夕食仕上げ。
19:00	ダンナがいれば家族そろって夕食。いなければ子どもと2人で夕食。全員が休日のときは月に一度くらいは外食します。
20:00	子どもの学習。塾の課題は多いので、土日も含め毎日学習時間を取ります。特に土日テストがあった場合はその採点と見直しのため、1時間くらいかけて一緒にやります。
21:00 21:30	風呂 自由時間。ボードゲームや知育玩具、かるた、トランプ、読書など、子どもと一緒に遊べる（かつ学習に役に立つと思われる）アナログのゲームで30分ほど一緒に遊びます。
22:00	寝る前10分くらい読書タイムを取って就寝。

飲酒はしない）、をコンスタントに続けていれば太らず、健康を維持できますので、私は十数年ほとんど体型が変わらず、風邪をひくこともめったにありません。

もともとかなりの酒好きですが、２０１４年の誕生日に「断酒」の誓いをたて、それ以来一切アルコールは口にしていません。

お酒が入ると、まず夕食時間が長くなり、翌日の起床時間が遅くなりがちなのです。断酒以降、規則正しさに磨きがかかり、脳内活性度はかなり上がったと思います。

お金がなければ、やりたいと望んだときに、すぐ動けない

私は効率主義です。

我が家の場合は食事に限らず、我が家は全ての家事が当番制です。家事は誰が何をやるのか、すべて曜日ごと（＋ダンナのシフト）で決まっています。

このように分業制をしっかりして、家事や仕事を効率良く行い、時間をきっちり確保して、かつ無駄なお金を使わないやり方をしています。

まずはイリョウ費の節約です。「医療費」と「衣料」。このダブルの「イリョウ費」を減らすためにも太らないことが大切です。

服を買わなくてもいいように、医者にかからなくてもいいように。ですから歯磨きもしっかりやります。歯医者に行かなくてすむように！　私は合理的な考えなのです。

他には、やはり面倒なことは続かないので、家電は各々のコンセントがスイッチで落とせるタップをすべての部屋に置いています。

詳しくは本章に譲りますが、そもそも不動産投資を始めようと思ったのは、２０１１年の東日本大震災の後です。

その時に自分自身の貯金が１０００万円ありました。投資をしようと思いながらためていたのではありません。これまでコツコツと節約してためていました。

私はこの書籍やブログで「サバイバル！」とか、「生き抜く力！」そのようなことをかなり書いているのですが、じつは昔から心配性なのです。

私は子供のころからお年玉は１円も使わないタイプでした。買物にもあまり興味がありませんので服も無駄に買わ

ないし、趣味もそれほどありません。しいていえば貯金が趣味です。

結婚したのは2005年ですが、貯金のスピードは結婚してから2倍に加速しました。その当時で600万円くらい持っていて、結婚後に自分自身だけの貯金だけで400万円くらいためました。

1人暮らしでは家賃や光熱費が1人分は発生しますが、2人になると家賃も単純に半分になります。そのため貯蓄ペースが上がったのだと思います。また、ファイナンシャルプランナーの観点でいうと家計は共有の方が貯まります。お金の管理が得意な方が、采配する方が効率良く貯まります。ダンナのお金で暮らして、奥さんのお金を100%ためる共働き家庭もありますが、それが一番です。

うちは完全に「自分のお金は自分のお金!」「旦那のお金はダンナのお金!」という感じでした。そのため、1000万円をためるまでの間は、別財布でためていたのです。それは、2012年の自宅購入まで続きます。

第3章で詳しく書いていますが、自宅購入をきっかけに夫婦別会計から、共有に変えています。


こうして、日々節約しながら貯金を続けていましたが、その目的はとくに決めていませんでした。

ただ、「まとまったお金がなければ、やりたいと望んだときに、すぐ動けない」ということは感覚的にわかっていたのです。「○○をやりたい!」そう思ってからためたのでは間に合いません。

例えば、老後が不安なら、「そんなことを口にしている間にためろ!」という感じです。

子どもに対しても「値段が高いから、これをやらせてあげられない」そのようなのはありません。経済的な理由で「できない」ということはなしにしたかったです。

このように目的はなくとも「何か」のときに困らないように、自分の生活や、子供の教育、ダンナとの老後、投資もしくは起業にも興味がありましたから、そのすべてひっくるめて、自分が何か事業を始めたいと思ったとき、その準備資金が必要・・・そのようなことは考えていました。

第1章

火の玉ガール、4棟（10戸）の大家さんになりました！

~ズブの素人から、利回り30％のアパートを購入するまで~

第1章は忙しく共働き生活を送っていた私が、なぜ不動産投資をはじめようと思ったのか。また、不動産投資の勉強時代（私の勉強ノウハウもお伝えします）、そして1戸目の物件取得から利回り30％のアパートを購入するまでの体験記です。

規模は大きくありませんが区分マンション・戸建て・アパートと様々なタイプの物件を所有しています。

すべてが円滑に取得できたのかといえば、そうではありません。

それぞれの物件取得ごとに、それぞれの熱いドラマがあったのです！

きっかけは東日本大震災

まずは、大学進学をきっかけに実家を出てから十数年、何度も引っ越しを繰り返し、まったく不動産に興味がなく、一生賃貸暮らしでいいと思っていた私が「なぜ不動産投資に興味を持つようになったのか」というお話をしたいと思います。

２０１１年3月11日。いつものように本業であるインバウンド旅行会社のデスクで仕事をしていました。

14時46分、「ドンッ」という、ものすごい衝撃を感じて、社内中の人間が驚きと恐怖と興奮でざわざわし始めました。

地震の多い日本でもめったに感じたことのない衝撃に、「これはただごとではない」とみなが急いで階段を下り始めました（ビルのエレベーターは止まっていました）。

全員が外に出て、スマホなどで情報を拾っているとき、当時の上司がボソッと「これで半年間は暇になるな」とつぶやいていたことが印象に残っています。

そのときは、「まさか、半年も仕事なくなるわけないじゃん」と思っていたのですが、その後の東北地方を中心とした惨状はみなさんご存知の通りです。

社員の外国人比率が9割以上の私の会社では、その翌日から次々と社員たちが先を争うように帰国し始め、先のツアーはキャンセルの嵐。

現在進行中のツアーも、途中で行程を切り上げて帰国便を手配するなど、しばらくは後処理に追われました。

しかし、それが終わってみると、当時上司がつぶやいた通り、その先半年分くらいのツアーは全てなくなり、出社しても何もできない状態が続きます。母国に帰っていた社員たちが続々日本に戻ってきても、ほとんど仕事がありません。

当時、この東日本大震災の影響で、企業がつぶれてしまったり、大量の失業者が出ることを恐れた政府が「社員を解雇せず、休業させる」ことを推奨する特例措置を出していました。

それでなくても、電力不足でやむなく休業にせざるを得ない企業も多くありました。

私の勤める会社でも、4月以降、週に数日、当番制で出社する社員を決めて後は休み（休業補償あり）と決まったため、これまでの休日と出勤日の日数が逆転したように、急に休みが増えました。

ですが、私はずっと泳いでいないと死んでしまうマグロ体質なのか、「何もしない」という暇状態にすぐに堪え切れなくなりました。

そこで「この休業は神様が成長のために与えてくれた休暇だ」と考えて、前々から興味のあった社会保険労務士試験の勉強をすることにしました。

かなりの難関資格ということは分かっていましたが、この時点でまだいつが試験日なのかも知りません。

すでに4月も半ばを過ぎていて、最初に飛び込んだ平日限定のビデオ学習教室を開講している社労士塾で、初めて8月最終日曜日が試験であることを聞きました。

社労士試験に合格するには、一般的に独学で８００～１０００時間、通学でも最低５００時間以上の勉強時間が必要と言われています。働きながら、毎日休みなく2時間勉強したとして８～９カ月は必要です。

通常、前年の試験終了後くらいのタイミングで来年の受験を目指す人が多いので、この時点で私はすでに７カ月以上遅れていました。

そのとき受付けてくれた講師の先生も、「来年の受験をお考えですか?」と当然のように聞いてこられたのですが、私が「いいえ。今年受けます」と答えたときの驚愕に満ちた目が忘れられません。

幸い、申込期限ギリギリに間に合ったため、さっそく学習生活がスタートしました。

とはいえ、やはりスケジュール的には無理があります。はじめて数週間でまだ最後までカリキュラムが終わらないうちに中間試験の日がやってきて、当然のごとく撃沈、合格判定測定不能、という惨憺たる結果に・・・。

そして、本試験1カ月前に受けた校内の最終模擬試験では、あんなにひどかった中間試験の出来を更に下回るという、最悪の結果となりました。

社内で業務している以外の時間と朝の自由時間を全て社労士学習につぎ込んで勉強しているというのに、この3カ月なんだったんだ、と一瞬だけ激しく落ち込みます。

しかし、すぐに「もう2回も最悪を経験したから、本番では絶対に最高の出来になるに違いない」と超ポジティブに考え直しました（ここでは決して「2度あることは3度ある」などと悪いようには考えません）。

最後の1カ月は時間を計りながら、ひたすら過去問を解きまくりました。

その結果、本試験1週間前の答え合わせでは、驚きの高得点が取れるようになり、

「これはいける！」と超自信満々で本試験会場に乗り込みました。

本試験でも、過去問で登場した問題がたくさんちりばめられていたので、自信を持って解答、なんと最終模擬試験で取った点数の2倍以上を獲得して無事合格にこぎ着けました。

ここまで、不動産投資にほとんど関係ない話をなぜ長々お話してきたかというと、ここに投資を行う上でも重要なヒントがあると思うからです。

それは、「絶対に最後まであきらめない強い気持ち」と「自分にはできる、という根拠のない自信」、それは超ポジティブ思考です。

もちろんそれを裏付ける努力も大事ですが、ただやみくもにやるだけではなく、結果が出やすいやり方を、メンターの指示に従って素直にやってみる、ということが功を奏したと考えています。

さて、8月末に社労士試験が終わっても、まだまだインバウンドは復活しません。相変わらず週休5日状態が続いていたため、その次に興味のあった「お金」についての専門家、ファイナンシャルプランナーの試験に挑戦することにしました。

9月からすぐに学習をスタートし、まず1月にFP技能検定3級を、続いて5月にFP技能検定2級を受検します（合格後、認定研修を受講してAFPになれます）。

FP試験の学習課目は大きく6課目（金融、不動産、保険、タックス、相続・事業承継、ライフプランニング）あるのですが、その中で一番おもしろかったのが「不動産」でした。

中でも、特に「不動産投資」に非常に興味をひかれ、今まで自分が全く知らなかった世界にすごく可能性を感じました。

すでに震災から1年が経っており、通常勤務に戻っている時期ではありましたが、仕事の中身としてはまだまだ全盛期に程遠く、時間的にも精神的にも余裕があったころです。

すっかり勉強ぐせがついていた私はそのままの勢いで、今度は実践の学習に移りました。

☆火の玉ガール不動産投資までの道筋

２０１１年３月　東日本大震災発生

２０１１年４月　社会保険労務士試験勉強開始

２０１１年８月　社会保険労務士本試験（合格）終了後、ＦＰ学習開始。
２０１２年１月　ＦＰ技能検定３級本試験（合格）不動産投資の学習で開眼。
２０１２年４月　日本ファイナンシャルアカデミー『不動産投資の学校』通学開始。（メンターの束田先生との出会い）学習の傍ら、実際に収益物件を探し始める。
２０１２年５月　ＦＰ技能検定２級本試験（合格）
２０１２年８月　自宅購入（区分マンション）学校で教えてもらったノウハウを実践で初挑戦。
２０１２年10月　ＡＦＰ認定研修修了。11月ＡＦＰ登録。
２０１３年１月　収益区分マンション１戸目取得。

火の玉式　不動産投資勉強術

不動産投資の勉強法で最も投資効率がいいのは、とにかく本を読むことです。一言で本と言っても多種多様で、「不動産投資」のカテゴリーだけでもたくさんあります。

いったい何から読んだらいいのか分からない、という人は、「なるべく自分と属性・境遇が近い」、「自ら実践して結果を出している」人が書いた本から手に取って読んでみると、共感できるポイントに多く出会えると思います。

本の値段は1500円前後のものがほとんどなので、たとえ100冊読んだとしても約15万円。100冊分の書籍から得られる情報と比較すると格安です。

時間的に100冊読むのは大変かとは思いますが、私も実際に物件を購入するまでに少なくとも50冊は不動産投資関連書籍を読みました。

また、私は2012年4月から日本ファイナンシャルアカデミー『不動産投資の学校』(http://www.f-academy.jp/school/fudo.html)に通い始めました。FPの勉強で不動産投資に可能性を感じていた私は、その前月の3月にこの学校の体験学習に参加しており、講師の先生のトークの魅力にハマってしまったのです。

ここへは丸2年間通い、不動産投資を体系的に学びました。

私が勝手にメンターと呼んでいる日本ファイナンシャルアカデミーの東田光陽先生は大変な多読家で、不動産投資本に限らず、ありとあらゆる種類のいろんな本を読み漁っている人です。

きっとそのせいだと思うのですが、授業中に「脱線」して話す「余談」がとにかくおもしろかったです。

Ａ４用紙１枚の「講師のオススメ書籍リスト」で紹介された本は全て読み、先生が授業中に話してくれた実践での使い方を片っ端から試しました。

第４章で紹介している『影響力の武器』と『詐欺師入門』もそうやって出会った本の一つです。

今では絶版になってしまった本もありますが、たとえ数千円かかったとしても１回の取引ですぐ元が取れてしまいます。心理作戦は知らない人相手にはものすごく効きますので、その効果は驚くほどです。

東田先生自身も書籍を出版されていて、自称『東田マニア』の私は隅から隅までマーカーペン片手に付せんを貼りながら何度も読み込みました。

☆東田光陽先生の著作
『20代・自己資金３００万円。サラリーマン大家さん成功の法則』（あっぷる出版社）
『不動産投資　家賃収入&売却益　両取りのルール』（すばる舎）
【参考】日本ファイナンシャルアカデミー編著の本

『不動産投資の学校［入門編］』『不動産投資の学校［実践編］』（共にダイヤモンド社）

※［実践編］には、4人の体験談の中の1人として私も登場し、徳島のアパート付戸建購入時のエピソードが掲載されています。

他には、実践者自らが発信しているブログやコラム、メルマガを読んで、共感できたり、お近づきになりたい、と思える人が見つかったら、その人が企画しているイベントや勉強会に参加して実際に本人に会いに行く、というのもいいと思います。

実際私はそうやって、一読者だったころに大ファンだった黄金ガールさん（火の玉ガールの「ガール」は大好きな黄金ガールさんから勝手に一部いただいて、先輩大家さんに付けていただいた愛称です）や星野陽子さん、赤井誠さん、岡本公男さん、菅井敏之さん、加藤ひろゆきさん等々、多くの大家さんに直接お目にかかって大感激し、ますますファンになった、という経験があります。

ご本人が実際にやった手法やノウハウが無料で公開されているブログはもちろんとても役に立つのですが、月額制の有料メルマガも、その中身の濃さと有益性の高さ、時事性で考えると、本と同様にとても安いと思います。

●月刊満室経営新聞（http://manshitsu.info/）※無料版

投資の世界は情報の更新スピードがはやくて、本に書かれた手法は著者の実践当初は通用したものが今ではまったく使えない、といったこともよく起こります。

メルマガの情報は配信のタイミング毎、最新の情報が配信されますので「今、使えるかどうか」という情報の新しさにおいては、本よりも圧倒的に優れています。

私が毎月収支と活動報告を公開している、不動産投資エンカレッジ（Heart Brain合資会社）が発行する『満室経営新聞プレミアム』（https://www.fudousantoushi-ec.com/products/detail.php?product_id=422）もそういった有料メルマガの1つです。

私以外にも、寺尾恵介さん（投資家けーちゃん）、NSX松田さん、大家イチローさん、といった現役大家さん（私から見ても大先輩で恐れ多いです）の真の収支状況を見られるのは、私の知る限りこれだけだと思います。

他にも賢人コラムやスペシャルセミナー、動画セミナーの撮影会へのシークレット招待なども不定期にあり、ゲスト大家さんもすごく豪華なので、身びいきを除いても、正直格安だと思います。

『月刊満室経営新聞』という無料ＷＥＢマガジンも発行されていますので、最初はこちらから試しに読んでみるのもいいと思います。

ある程度本やＷＥＢで知識を得たら、実践に移すことが大事です。

勉強ばかりで頭でっかちになってしまっては、いつまでたっても最初の一歩が踏み出せません。そうは言っても、まだ自信が持てなくて、実践するのは怖い、不動産業者さんに騙されやしないだろうか・・・？

そんな疑問がよぎったときは、実際にやっている大家さんや大家さん予備軍がいる「大家の会」に行ってみるのもいいでしょう。

ちょっと検索すれば、今は「〇〇大家の会」といったいろんな集まりがありますので、とりあえずどこかに参加してみるのも一手です。

●ふどうさんぽ（http://fudousanpo.com/）

私も始めた当初はいろんな大家の会に出席してみて、自分に合うところを探し、ほんの少数の会にだけ限定して参加しています。

そのうちのひとつ、『ふどうさんぽ』には、当初は参加者として通っていました。いち参加者から常連となり、そのうちスタッフとして月に一度の参加を目標にしており、知識の更新とモチベーション維持、それに意識の高い仲間との交流を楽しんでいます。

『ふどうさんぽ』自体は週末を中心に月に数回定期的にセミナー、物件見学（＝「特別さんぽ」）や、不動産を見ながら街を普通に散歩する「ふつうさんぽ」を開催しており、特別回を除いては基本無料です。

また、書籍『失敗事例に学ぶ！「不動産投資」

成功の教科書』（ふどうさんぽ著　御井屋蒼大監修　日本実業出版社）も発売されています。

スタッフも数億円規模の不動産物件を所有・経営している凄腕大家ばかりですが、みなボランティアで参加しています。

ここに参加してスタッフや、会に参加してくださる「さんぽ仲間」と交流したり、実際に物件を見て所有者の話を聞いたりすることで、金銭での報酬以上のものを得られます。

「投資は自己責任」が基本ですが、参加メンバーは皆経営者意識を持った（たとえサラリーマン兼業だとしても）プロ大家ばかりですので、会うたびに会話の中でビジネスアイデアを得たり、「自分ももっとがんばろう」とモチベーションが上がり、パワーをもらっています。

以上の勉強法は、あくまでも私自身がいいと思ったものに対して、自費を投じて個人的に参加したり、学習したりしてきた軌跡の紹介です。

特定の機関や方法を推奨するものではありませんので、何を選ぶかはみなさんご自身の責任と判断においてご決断下さるようお願いします。

選択した後のいかなる結果においても、私は責任を負いかねます。ただし、どんな結果であったとしても、あなたの頭の中に蓄積された知識や経験は誰にも盗まれることはありません。これからの人生において、大切な糧となるでしょう。

いざ、物件の取得へ！

いよいよ物件の取得です。物件探しを始めたのが、２０１２年5月からです。そのころはほとんど毎日、『athome』、『Yahoo!不動産』などのマイホーム系ポータルサイトを中心に探していました。今でもお世話になっている『楽待』をはじめ、『健美家』、『不動産投資連合体』などの投資サイトを常にチェックしていました。

１号物件を購入した当時、物件情報の検索基準は「１０００万円以下・表面利回りが10％以上・区分マンション」です。

エリアは都内限定ではなく、東京・千葉・神奈川・埼玉で25平米以上を探していました。駅からの徒歩分数は15分くらいまでＯＫ、と駅近かどうかは、さほど気にしていませんでした。

なぜ区分マンションに絞って物件を探していたかといえば、私が勉強していた『不動産投資の学校』の講師の束田先生が、区分推しの人だったのです。

束田先生ご自身が区分で驚異的な結果を出している人ですから、私もその当時は区分投資しか考えられず、他の投資は頭に全くありませんでした。土地付きの物件など対象外でした。

そして、2013年月1月に初の収益物件・三鷹単身区分購入。最初の収益物件購入から約2年の間に区分2戸、戸建2棟、アパート2棟(計10戸)まで買い進めます。

ここからは、私の購入エピソードをご紹介します。

はじめての物件から「指値」に成功！～火の玉1号物件取得～

三鷹の1号物件を見つけたのは2012年の12月です。この物件を見つけるまでに、インターネット情報を1日に2000件は見ていました。

当初、売りに出された価格は700万円、もともとの家賃が7万5000円だった

火の玉1号　単身区分

所在地：東京都三鷹市／購入金額：650万円／表面利回り：13%／間取り：1DK　26.03平米／購入年月日：2013年1月／築年数：31年（現在）／家賃：6.9万円（月）

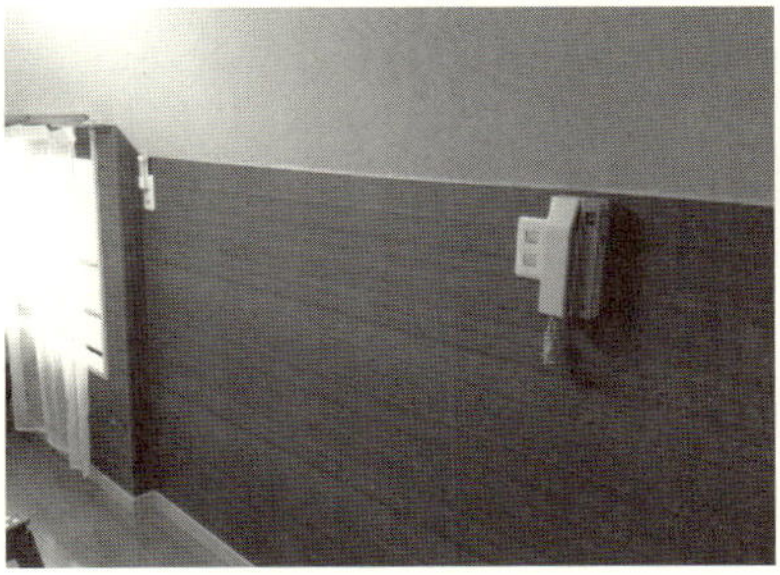

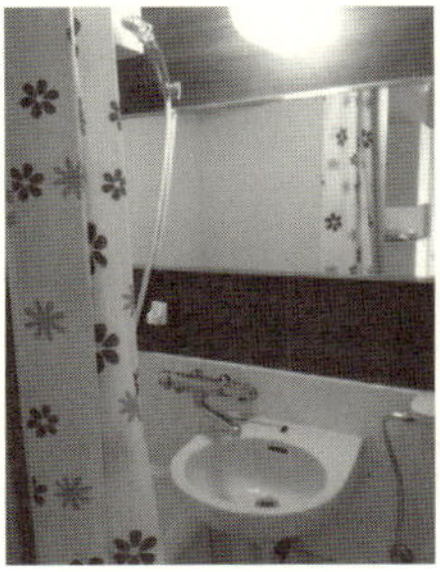

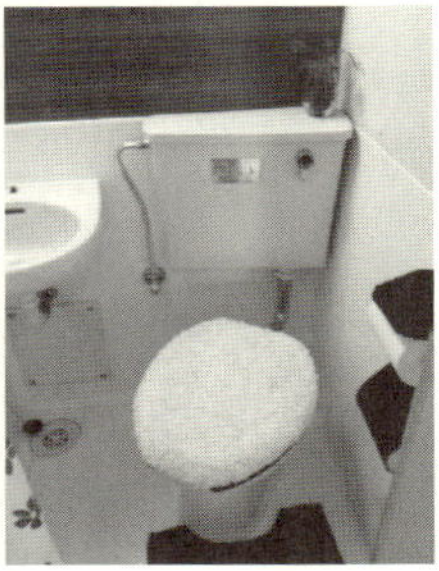

ので、それを割り戻すと、表面利回りは約13％になります。

場所も千葉や神奈川ではなく東京の三鷹市ですから立地は申し分ありません。駅から徒歩15分位内で単身向けとしては広さがあるので競争力もありそうです。

この物件資料を東田先生に見せに行ったところ、「まあ、いいのではないですか」という反応をされました。

それで「買います！」と返事をしました。悠長なようにも思えますが、その当時は、今のように投資家が殺到する時代でもありませんでした。

普通に業者さんに問合せの電話をして、外見だけですが物件を見に行きました。「まあ、いいのではないかなあ」という感じです。

しかし、私の希望する価格は７００万円ではありません。

というのも、そのときの私は基本的に、「売りに出された値段で買うことはありえない！」と考えていましたので、提示された金額よりも安く買うことは当たり前のことだったのです。

東田先生からも「あれは売主の希望価格なんだ！」という教えを受けており、「買主は自分の希望価格で買えばいい！」と認識していました。

そして、交渉の結果、見事６５０万円の指値に成功しました。

ここでなぜ私の指値が通ったのか解説したいと思います。一部は真実で一部はあくまで私の推測です。

そもそも1号物件は、業者が売主の物件でした。そこで私は登記簿を取って、いくら借金があるのか、抵当権はいくら付いているのかを確認しました。

一般的には売主さんへ、「あなたこの物件をいくらで買ったのですか？」と聞きにくいですし、聞いてもなかなか教えてくれません。ですから自分で探したわけです。私は過去に3回、徳島と自宅と三鷹の物件で調べています。

その結果、競売で落としていたことが判明しました。競売の履歴はネットで探せます。登記簿に日付が出ていますから、競売のサイトで履歴を探したのです。

そして、その業者の仕入れ値が５５０万円であることを突き止めました。それならば、「販売管理費などを上乗せして１００万円くらい利益が取れたらいい」と業者が考えているのでは・・・と推測しました。

それで私は６５０万円を購入目標額にしました。さすがに利益が１００万円もなかったらバカバカしくてやっていられないでしょう。「もうこれ以下にはならないだろう」と算段したのです。

実は自宅もこのやり方で買っています。自宅も業者が売主で競売だったのです。登記簿を見れば「不動産競売による売却」と書いてあるので一目瞭然です。

後述する徳島の物件も、前の売主さんが競売で取得していました。このように競売で取得している場合は、落札時期が近ければ落札価格を探り出すことができます。仕入れ値を知ればもうこっちのものです。その値段（仕入れ値）がわかれば、その金額に売主が欲しいであろう利益を乗せればいいのです。

1号物件の場合は、予め押し戻されることを想定して、売主側に私が「600万円で買います！」と持ちかけると、向こうから「ちょっと待って！」とかなり渋られました。

やはり押し戻されて問答の末に、「もう勘弁してください。650万円なら売りましょう」となりました。このとき、もちろん私は「競売の値段を見ましたよ！」とは口に出していません。

☆1号物件から、しっかり融資を使う

1号物件のように、少額の物件を現金購入する方が多いかもしれません。しかし、私は積極的に融資を使いました（その理由は第4章に詳しく記載しています）。

当時は今のようにサラリーマン投資家が使える金融機関はそう多くありませんでし

たし、私自身、そのような銀行の存在すら知らなかったのです。そのため日本政策金融公庫以外では考えていませんでした。

物件価格が６５０万円で、そのうち６００万円の融資を受けました。日本政策金融公庫で、条件は15年返済で金利２・２％です。

審査は割合スムーズに進み、承認に２週間、実際の決済まで１カ月かかりました。つまり打診してから実行されるまで１カ月ですから相場並という感じです。

ちなみに公庫は税理士さんの紹介でしたから、それが良かったのかもしれません。

東田先生が公庫の問題は「10年しか借りられないところ！」とおしゃってました。私の15年という条件は良い方だと思います。金利条件も４・５％くらいかなと思っていましたから「こんな素敵な利率で貸してくれるんだ！」と感激したものです。

なお公庫では「女性、若者／シニア起業家支援資金」を使いました（これについても第４章で後述します）。

また、当時の公庫について、東田先生から「１回自分で立て替えて支払ってからでなければお金が出ない」と聞いていたのですが、しっかり決済前に融資が出ていました。

ただ、このときは保証人を求められました。ダンナは不動産投資にはまったくの無関心です。

私の場合は、不動産の購入資金は自分自身のお金と融資です。共通の預金口座からは一切手をつけていません。

じつは一度だけ一緒に物件を見に行ったのですが、少しも参考になる意見が出ませんでした。ですから保証人が必要な1号物件では、個人的に投資を行っていた義父に協力してもらい、保証人になってもらったのです。

こうして2012年12月に契約を行い、翌月の2013年1月には無事決済を済ませ、取得することができました。

この物件は取得して数か月で退去が発生しましたが、一般募集の結果、新宿の業者さんが入居者を決めて下さいました。外国の方だったのですが、運営中は何のクレームもなく、本物の「不労所得」でした。

その後、2年弱でまたもや退去。少しグレード高めのホテル風リフォームにしました（平米単価約1万円・クリーニング費用込）。

そして、前回と同家賃で次の入居者（こちらも外国人）が決定しました。入居してすぐ、あわや振り込め詐欺のアジトにされそうなちょっとした事件が発生しましたが、すぐに解決したのでよかったです。

５００万円以下で取得したファミリー区分　～火の玉２号物件取得～

連日、大量の情報を見ていたので、知っている物件の価格に変動があると敏感に察知できます。

２号物件である新検見川の区分マンションは、その手法で探すことができました。

ある日、いつものように物件を探していると、ずいぶん前から５８０万円で出ていた区分マンションが、ある日から４５０万円に下がっているのです。驚いてすぐに問い合わせました。

もともと値下がりしていたのですが、更に指値に成功して、30万円を値切って４２０万円になりました。

そのお部屋は、空室ですでにハウスクリーニング済みでしたが、そこへ私が飾り付けを施しモデルルームにして、借りる人が新生活をイメージしやすいようにしたかったのです。

そこで「その費用分として30万円を引いてくれませんか？」と打診したのです。今

火の玉2号　ファミリー区分

所在地：千葉市花見川区／購入金額：420万円／表面利回り：19%／間取り：2LDK 58.07平米／購入年月日：2013年7月／築年数：33年（現在）／家賃：6.5万円（月）

から考えると本当に図々しいですね。

「お前が身銭をはたいてやれ！」と言われても仕方がないのに、「それでいいですよ」と売主さんがにこやかに言ってくれたのです。それで「やったあー！」と喜びました。

不動産投資がブームとなった今は、買付交渉も融資もスピード勝負のような部分がありますが、当時はそれほど競争が激しくなかったですし、私以外に買う人もいませんでしたから買う側が超強気の時代でした。

これは私の個人的な感覚ですが２０１４年の中ごろを境に、市場が逆転したような気がします。


売主さんは、とても優しそうな50代の品のいいおじさまでした。

聞けば、新築で購入されて大事に住まわれ、その後海外転勤になったのを機に賃貸に出していたのが、退去に伴い、売り出したとのこと。

「この家はね、私が30年前に３０００万円で買ったの。それを30年も経ってから、こんなにいい買主さんに巡り会って。本当にこの家は幸せです！」とニコニコしながら言ってくださいました。

指値をして４２０万円で買ったにも関わらず・・・です。私は「この人は仏様か」

と思いました。

世の中には、たとえ爆安で買われても損をしたと思わない人もいるのだと知りました。このときの体験を通じて、これから私はこのやり方で行こうと決心したのです。

爆安で買っているにも関わらず感謝される買い方。「お前のような奴なんかに売りたくねえんだよ！」と言われずに、むしろ「買っていただいてありがとう！」とお礼を言われる買い方を目指そうと思いました。

そうして、私は売主さんに夢を語り、その分の金額を差し引いてもらったのですが、賃貸業者さんに「どうですか？」と尋ねたら、「とてもいいと思うのですが、別に家賃は変わりませんよ」との返事でしたのでモデルルームはあきらめました。

売主サイドで洗面台新品交換＆ハウスクリーニング済、という美装状態で引き継ぎましたので、自分でやったことといえば、写真の通り、玄関にクッションフロア、出窓下にカッティングシートを貼って、出窓の網戸を張り替えたくらいです。

また、1号物件の募集のとき、一般仲介で20社近く客付営業しましたが、結局地元の業者さんではなく、少し離れたターミナル駅の客付会社が決めてくれたことを参考に、今回はあえて地元の業者は回らず、隣の急行停車駅にある大手客付会社2社のみに入居募集を依頼しました。

その後、２カ月足らずで募集家賃通りで、若いご夫婦が入居してくださいました。昨年１回目の更新を済ませましたが、今年９月末で残念ながら新居ご購入とのことで退去になりました。現在、売却と賃貸の両方で募集をかけています。

区分から戸建てへシフトチェンジ ～火の玉3号物件取得～

２０１３年の夏までに２戸購入した後も、積極的に物件を探して現地調査を行っていました。当時のＰＡＳＭＯ（パスモ）の履歴を見ると、かなりの交通費をかけていることがわかりますが、その後なかなか買うことができません。

この時期は若干ですが、不動産投資家間の競争が激しくなってきました。ポータルサイトを見て気になった物件に指値を入れるだけでは相手にされなくなったのです。最初の２戸でやったような半額で業者に交渉すると、電話を一方的に切られてしまう時代に突入したのです。

それまでの私は普通に半額くらいの指値を入れていました。それは相手に押し戻さ

火の玉3号　戸建て

所在地：埼玉県川越市／購入金額：440万円／表面利回り：16%／間取り：3DK 47.57平米／購入年月日：2014年3月／築年数：34年（現在）／家賃：6万円（月）

れて、「結果的に75％くらいで買えればいいな」というのが私の理想だったからです。それが「半額で・・・」と口にした瞬間に無視されたり、メールも着信拒否されるくらいです。

また、私は投資家さんと競争したくないというのもあり、あえて実需向けの物件を『Yahoo!不動産』や『athome』で探すのですが、そういった総合的なポータルサイトだけでは、なかなか買えなくなりました。

今思えば、このころからだんだんと物件価格も上昇傾向になり始めたのかもしれません。自分の希望価格が低すぎて、ちょっとやそっとの価格帯では満足できなくなっていた、というのも理由のひとつだと思います。

そこで、実需を中心にやっている大手の『住友不動産販売』『三井のリハウス』といった業者さんの自社ホームページもくまなく見るようになったのです。

ちなみに、これらの業者さんには自分で勝手につけた通称があります。『住友不動産販売』はスミフ、『三井のリハウス』はサンリハと呼んでいます。

他にも『大成有楽不動産販売』『東急リバブル』や『センチュリー21』といった加盟店系も自社サイトを直接ローラーするようになりました。

ソート機能が充実した収益専門不動産サイトに比べれば、見にくいところはありますが、それほど手間はかかりません。

☆大雪の中を駆けつけて買付1番に

この物件は『センチュリー21』の情報でした。ここから初めて土地付きの物件に移行するのです。

繰り返しになりますが、私は東田光陽先生の生徒です。東田先生は初心者に土地付きの物件をオススメしていません。その理由はシンプルに「難しい」からです。区分の場合は建物のことだけを考えればよくて簡単です。外壁や外構といった外回りのことを気にしなくてもいいのです。そのために管理費、修繕積立金を払っているわけですから。

その点で確かにコストはかかりますが、外のことを一切考えなくてもよく、本業のあるサラリーマン投資家としてはとても楽です。そのため区分マンションは初心者にオススメです。

これに土地が入ってくると、土地の権利や道のことを勉強しなくてはいけませんから少しハードルが上がります。

当時は戸建てを推奨している本も数が少なく、勉強法もよくわからなかったのです。

アパートとなると少し金額が大きいですし、やはり難しいと思っていました。そこで条件は「土地付きで５００万円以下・首都圏・駅徒歩15分以内・再建築可の所有権」といった内容にシフトして行くのです。

情報はかなり出てきましたが、駅までが遠かったりしました。それでも当時は房総や八街にまで足を運びました。「行かなければ！」という使命感に駆られていたのです。

現地調査はかなり張り切って行ったのですが、入居者の客付に何日も通うのは無理だと感じました。

３号物件は川越市にあり、駅でいうと東武東上線の上福岡です。

私の住んでいる場所が上板橋や中板橋まで徒歩圏ですので、上福岡駅まで１本で行けたのです。

駅から10分でかなり歩きやすく、道もわかりやすいです。自宅から行きやすいし、条件にぴったりでした。

よく徒歩10分と表記されていても、それは直線距離で10分ということで、実際には12～13分かかるような物件もあります。

ここは本当に10分でしたし、外壁もサイディングでいい感じでした。また束田先生も川越の大ファンでとても褒めていました。

3号物件は、前の売主さんが1100万円で買った物件だったのですが、それを私が440万円で買いました。

最初は480万円で売りに出されており、再建築が可能で所有権ですから、かなりの買付が殺到していたようです。

安い理由は売主が早く売りたかったからではないでしょうか。もともとの値段が1100万円ですから、それほど大きな物件でもありません。3DKで45平米です。土地も13坪くらいです。

今でしたら、「もっと安くしてもらいたい！」と考えたかもしれませんが、その当時は安いと思いました。

金曜日の夕方に情報が出たので翌日に見に行きました。

その日はたまたま大雪で電車が止まってしまい、「今日はどうしますか？」と聞くのですが、「もちろん行きます！」と答えて駆けつけました。他は誰も来ておらず私1人だけ。おかげで買付一番になりました。

私が現地に行く前にも買付のFAXは大量に届いていたようなのですが、一番手が私だったため、優先していただけたようです。

そのときに、担当の営業マンから、現物を見ないうちに430万円で買付が入っているということまで教えてもらえました。

そのうえで「日野さんはいくらで出しますか？」と聞かれました。そこで私は少し色を付けて、「４４０万円でどうでしょうか？」と答え、指値はスムーズに通りました。


３号物件の融資は公庫から引きました。１号物件は２０１３年に公庫で借りていますが、３号は２０１４年で一度確定申告をしているため、問題なく購入できました。というのも、２０１３年に１号物件を買った後でも、公庫には何回も物件資料を持ち込んでいたのです。そのときに、「せめて１年は待ってください」と断られました。今はそのようなこともないと聞くのですが、当時は「年間実績を見ますから」と言われました。

この物件は築30年ですから耐用年数で考えたら絶対に貸してくれないケースです。ただし、売値が土地値以下でしたから、土地を担保にできます。つまり、築何年などは関係なく購入できました。

小さいですが、初めての土地付きの一棟ものということで、これまでよりは少し気合いを入れて手を加えました。

2階はもともと和室です。見積を取ったところ、畳の表替えでも4千円／枚くらいする、と言われ、「6畳で2.4万円。高い・・・」と悩みます。色々探した結果、“畳の上に直接ウッドカーペットを敷く”という、格安手法に転換。約1万円で簡易洋室化しました。

これは私が自分でネットで注文して設置したのぼりです。実際、こののぼりと募集チラシを見て連絡下さった方もいましたので、原始的ですが侮れない募集方法です。

バランス窯から給湯器に変更してあったのはいいのですが、（右側の白い棚がはまっているところ）撤去した後ぽっこり空間が・・・大きさを図って、ちょうどいい高さの浴室棚をはめこみました。

もともとのクリーム色のキッチン扉は黄ばんで古ぼけた感じに。そこで、光沢入りのブルーのカッティングシートを張りました。ガスレンジの台にはウェルカムボードとキャンディを設置。

☆安い物件ほどラクに売りたい？

投資家によっては、物件を見ないで買付を入れる人も多いようですが、私は必ず現物を見てから、業者と対面しながら買付を入れます。

3号物件では、業者さんの方から底値を教えてくれました。その理由は不明ですが、そのようなことに3回くらい遭遇していますから、やはり見に行った方がいいと思います。

これは想像ですが、向こうから料金を教えてくれるのは、きっと私に買って欲しいからではないでしょうか。

売る方からしても、さして高くない金額の物件で、たくさんの内見者を相手にするのは面倒だと思い、いち早くかけつけたヤル気のある買主に買ってもらった方が楽でいいと考えているのではないかと思います。

例えばの話ですが「１００万円の激安戸建て」と情報が出れば、それこそ人が殺到します。

しかし、１００万円の物件は業者さんからすれば全く利益が薄いわけです。薄いのに、たくさんの人が「見せてくれ！」と殺到する。それをいちいちご案内しなければいけません。

そう考えると手間がかかるし面倒です。そのため最初に来た人に売ってしまいたくなるものです。

その業者さんは100万円の物件を扱っていますが、これが普段から何億円もする物件を扱っている業者から見れば、5000万円の物件でも感覚的には「利益が薄い、手間がかかって面倒」と思うかもしれません。

いくらの金額に対して、その業者さんがどう判断しているのかは、それぞれ違いますが、それでも、いち早く問合せが来て、やる気満々な人に「買ってほしい」と感情が働くのではないでしょうか。

くわえて、私はその営業マンを攻略します。

私はホームページなどを見て、担当者の顔写真も見て、趣味も把握した上で、その人と話をします。相手のパーソナリティを調べ尽くして挑むのです。

案内してもらう車の中でも、盛り上がるように話をしますから、担当者はかなり私に対して気を許し、ポロッと口が滑ってしまうのです。要するに褒め殺しです。

「よくもまあ、こんな物件の仕入れができますね！」と持ち上げれば、相手も「腕ですよ、腕！」と気持ちよくなります。

金額だけでなく売主の事情であったり、物件の情報であったり、自分の利益になる情報を得ることができますから、こういったコミュニケーションは侮れません。

この営業マン攻略による指値術については、第４章でじっくり解説するので楽しみにしてください！

戸建てを購入したら、「おまけのアパート」もついてきた⁉ ～火の玉４号物件取得～

徳島の物件は、『カサブランカ』（https://www.casablanca-net.co.jp/）という中四国エリアの不動産を扱っている総合情報サイトで探しました。前々から実家の近くでも収益物件が欲しかったからです。

徳島には毎年帰省していますが、交通費が10数万円もかかります。これをどうにか合法的に経費にしたいと考えました。それには地元に物件を持つのが一番手っ取り早いのでは？　と思ったのです。

それで私は不動産投資をスタートしたころから、ずっと「徳島に物件が欲しい！」

火の玉4号　2戸アパート付戸建て

所在地：徳島県吉野川市／購入金額：530万円／表面利回り：22％／間取り：1DK×2戸62.92平米（アパート）＋4LDK 90.19平米（戸建）／購入年月日：2014年5月／築年数：アパート築19年　戸建築36年（現在）／家賃：9.9万円（月）

と平行しながら探していました。

遠方の物件を探すのは大変ではないのかと思われますが、やることは同じです。今日は『Yahoo!不動産』を見て、明日は『カサブランカ』で調べる・・・というような感覚です。

そうやって全サイトを見ていました。大変そうに思えますが、1年もやり続けたら慣れてしまいます。

『カサブランカ』の条件は当初「徳島県・５００万円以下」で探していました。

そもそも徳島には物件が少ないため、５００万円以下で検索しても首都圏のようにヒットしません。あまりに少なくて対象にならないため少しずつ金額を上げていき、「１０００万円以下」で探しました。

私はその条件というよりも出る件数により条件を変えていくのです。「これくらい見たい！」という件数を決めてから、それが出る条件で見ます。

例えば、広さ70平米にすると非常にヒット数が少ない。そこで、50平米に下げてみたり、築年数を30年以内で検索しても出ないようなら、検索条件から築年数を取っ払います。そのようにして調整して、１回に付き５００件くらい出るような条件にして

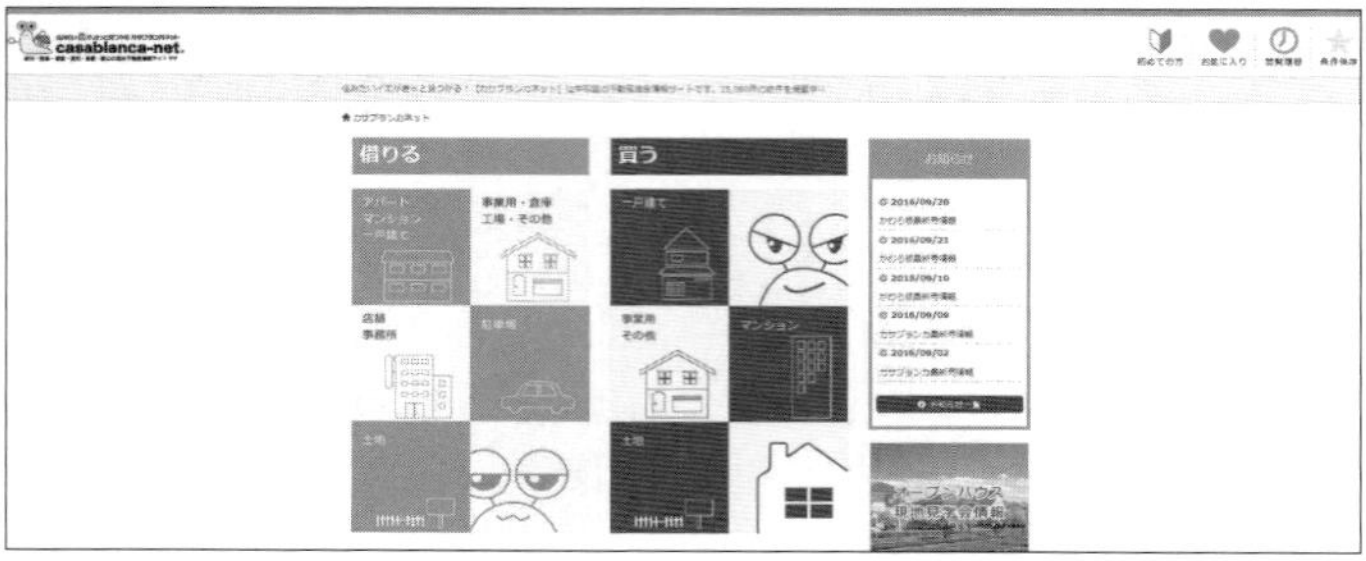

●『カサブランカ』(https://www.casablanca-net.co.jp/)
香川県、愛媛県、徳島県、高知県、岡山県、広島県のアパート・マンション・一戸建て・土地などの不動産賃貸、売買情報

いきます。

そして、安い順に並べて比べるのです。上から安い順で自分が満足するまで見ればよいのです。

このようにして徳島の情報を見はじめて、物件を見つけるまでに1年以上かかりました。

物件を見つけたときは、これまで同様に見てから買付を入れたかったのですが、遠方のため駆けつけることはできません。

そこで私ではなく、地元に住んでいる妹に「日当を銀行口座に振り込んでおくから、私が欲しいポイントを確認して」とお願いをして、見に行ってもらいました。そのポイントとは以下の通りです。

・外観の写真（どんな物件か）
・どんな人が住んでいるかリサーチ
・近隣の賃貸業者3軒に確認して、家賃相場のリ

サーチ

そもそも写真が1枚も載っていませんでしたから、まず外観の写真を撮ってきて欲しいと頼みました。そして、できればどのような人が住んでいるのかリサーチをするようにお願いしました。

最後に、近隣の賃貸業者を最低でも3軒まわって、相場の家賃を聞いて欲しい。具体的には業者に物件の住所と部屋の広さを伝え、「このような物件なら家賃はいくらでお客さんが付けられますか?」と聞くだけです。これを1万円でお願いしました。

かなりハードルの高いことを頼んでいるようですが、物件まで行って調査をして、帰ってくるまで2時間もあれば終わります。徳島に2時間1万円の仕事などありませんからなかなかおいしい仕事です。

賃貸業者を3軒まわるわけですが、徳島の田舎といっても、アパマン、ハウスドゥ、エイブルのようなチェーン系はあります。そこに行って調べて欲しいと頼みました。営業しているのかどうなのか、わからないような地元業者ではなく、大手の業者さんに限定しました。

徳島は車社会ですから、「最寄り駅から徒歩○分」「物件から１００メートル以内にコンビニあり」といった観点ではありません。「物件から3キロ以内」となり、東京とは感覚がちがって範囲が広いのです。東京で3キロといえば3駅くらいの距離ですが、そもそも鉄道が身近にありませんから比較のしようもありません。

そのため徳島では「車で○分以内」という感覚です。

☆戸建ての裏に満室のアパート

私が情報を知った時点では530万円で売りに出されていましたが、聞けば、最初は1000万円以上で出ていたそうです。

この530万円という金額は、下げに下げた最後の価格のようでした。最初は1000万円以上だったのに、800万円、700万円と下がって、最後は「もうこれで買ってもらえなかったら売るのをやめる！」と提示された値段が530万円だったのです。

首都圏の感覚では、それでも安いように感じますが、この物件のある徳島県吉野川市はド田舎で、古い戸建てともなれば、価格は200万円や300万円も当たり前です。

そんな中で、築30年越えの戸建てが530万円という価格設定はおかしいと思い、逆に興味を惹かれました。

電話で「少し高くありませんか？」と聞いたところ、「ああ、あれはアパートも付いていますから」という想定外の事実が判明したのです。情報サイトには、そんなこと、どこにも書いてありませんでした。

物件資料を送ってもらうと、たしかにアパートと戸建てが同じ敷地に建っています。戸建は昭和55年築で、アパートが平成９年築で満室。

なんでアパートを前面に出して宣伝しないの・・・理由がわかりません。

こういう場合は最初から「アパート（平成９年築）付戸建て　２棟一括５３０万円利回り22％　満室稼働中」と書いて、物件写真も載せるべきじゃないでしょうか。

後日、妹から送られてきた写真を見ると、情報の出ていなかったアパートの方があきらかにキレイでした。

そして、念のため「実際に目の前で見たらどうだった？」と確認しました。白い建物ですから、近づいて見直したら薄汚れているかもしれないからです。「まわりも見た？」「見たよ。キレイだった！」とかなり素晴らしい報告を受けたのです。目視では傾きもなかったようです。

そこでＦＡＸで買付をいれました。一応、「５００万円にして！」と交渉したのですが、それでは儲けがなくなるということでした。結局、私は情報サイトに出ていた値段で買うことにしました。

その後、徳島には契約と決済をするためバスで2回往復しました。契約のときは日帰りの弾丸ツアーできつかったです。決済は2014年の5月、購入代金は知人から借入を行いました。ちょうどゴールデンウィークでしたから息子も連れて旅行気分を味わいました。

売主様は地元の高齢の地主さん。なかなか個性的な人物で、途中何度も細かな変更があり、本当に購入できるのか心配になったこともあります。

3戸満室で購入したのですが、その後1戸退去となり、条件を地元の管理会社さんと相談して再募集しました。

この管理会社の担当さんが筆舌に尽くしがたいくらい、いい人です。

ウォールシールや、家具の受け取り・設置は全部この担当さんがやってくれました。ありがたすぎて涙が出ます。この辺の詳しい話は第4章で事例として紹介しています。

その後、細かい条件や家賃の見直しをしながら半年かけて客付してくださいました。満室になった後は、集金からクレーム対応まで全て引き受けて下さり、定期清掃も実家の両親に委託契約しているため、私はほとんど何もすることがありません。

年に数回帰省したときに管理会社を訪問する際にちょっと見に行くくらいです。遠隔地の物件は、何をおいても管理会社選びが一番重要だと思います。

激安なのに、さらに指値できたボロアパート～火の玉5号物件取得～

こちらは、私が初めて購入した築古ボロアパートです。

時系列でいえば、３号物件を２月に買付を入れて３月に決済、４号物件を４月に契約をして５月に決済という流れでした。

そして、同じ年の５月、津田沼に買付を入れて７月に決済していますから、それこそ毎月のように物件を買っていたことになります。

忘れもしない２０１４年５月29日に買付を入れました。これは徳島物件の引き渡しのすぐ後のことです。

これもインターネットの情報で、『三井のリハウス』の自社ホームページで探してき

火の玉5号　4戸アパート

所在地：千葉県船橋市／購入金額：380万円／表面利回り：30%（リフォーム代込）／間取り：1DK×4戸110.72平米／購入年月日：2014年5月／築年数：46年／家賃：15.4万円（月）

ました。紹介ではなく自分で見つけた物件です。

徳島のケースは戸建てを買うつもりで行ったら、「アパートも付いているよ。ああ、ラッキー！」という流れで、本意でアパートを買ったわけではなかったですが、今回も戸建てなのかと思ったらアパートというケースでした。

この物件は古家付土地として売りに出されていました。その当時は、私は５００万円以下で一戸建て、もしくは古家付土地の両方を見ていました。

元付業者は、私が「サンリハ」と呼んでいる大手ですが、この会社のサイトを毎日のように巡回チェックしていましたので、情報が出た瞬間に「これは！」と思ってすぐ電話を入れました。

おそらく業者が物件情報をアップした瞬間に私が見つけて、電話をしてきたものですから「たった今出したばかりなのですが」と驚いていました。

私は「この物件をおそらく買うのでもう情報を外に出さないでください」とお願いしたのです。

出ていた値段は４５０万円ですから、「どのような戸建てかな」と思って聞いたら、「実はアパートです」と言われて驚きました。

４戸中で１戸だけ入居していました。その情報もホームページには書いてありませんでした。もちろん利回りも不明です。

家賃を確認したら「それでは会うときまでに調べておきますね～」という返答のみでわからなかったのです。


物件情報を昼に見つけて、その日、仕事が終わってすぐ現地調査に飛んでいきました。私は業者さんと現地調査に行くようにしています。人によっては物件の住所だけ聞いて、単独で夜のうちに見に行き、朝には買付けを入れることもあるそうです。それはそれで、「かなりやる気のある人だ！」とアピールできます。

しかし、このような特殊な物件のときこそ、事情を聞いて限界値で買いたいものです。たしかに安いのですが、更に安く買えるのであれば、とことん安く買う。限界値というものは売りに出す本人にしかわからないものです。そこへ猛烈にアタックするのが〝火の玉式〟です。

これも束田光陽語録なのですが、「面倒くさいことをさせた方が成約しやすい」のです。業者にすれば「わざわざ俺こんな時間に呼ばれて、お腹も空いているのに、こんなとこまで連れて来られて。これで何も成果がなくて帰んのいやだな・・・」という心理が働くのです。

ですから、勝手に一人で物件を見に行ってしまえば、それでは業者さんにラクをさせてしまうことになります。ラクをすれば忘れてしまいます。

業者は、こちらの苦労など全くわかってくれないままで終わってしまいます。ですから、自分の苦労には業者も付き合わせるのです。

売主様は建て替え前提で売り出していましたので、残りの3戸は募集もされず、相続後そのまま放置された状態のままでした。

あとでわかったことですが、売主様はご高齢の女性の方で、お子様たちは誰もこのボロアパート（失礼）を欲しがらず、現金化を希望されていたそうで、戸建て以下の価格で市場に放出されたようです。

驚いたことに、3戸が空いているにも関わらず1戸だけで利回り10%を超えています。このまま他を貸さずに空きっぱなしでも回るという意味です。

絶対に損をしない物件とは、このようなことを言うのではないかと思いました。

人によっては、そのような状況で売るというのは、「物件に何か問題があるのでは？」「入居者に問題があるのではないか」と疑うこともあるでしょう。

しかし、私にはそのような懸念はありませんでした。まず入居付けについていえば、

●孤独死保険
アイアル少額短期保険　『無縁社会のお守り』
(http://www.air-ins.co.jp/muen/)

現に住んでいる人がいるのですから。他の3部屋も住みたい人が必ずいると考えます。

5号物件の入居者は、30年以上も住んでいるので退去しそうにありません。ご高齢の方に入居していただく場合のリスク回避としては、「孤独死」費用に備える保険に加入しておきます。最近では「特約」として付けられるタイプの賃貸住宅オーナー向け火災保険も増えてきているようです。

☆激安のワケを推理する

そもそも450万円は破格です。なぜ、そんなに安かったのか。あくまで私の想像ですが、この物件は土地値で出す予定だったと思うのです。それも実勢価格ではなくて路線価です。そうやって計算していくと、1平米が7万円くらいで、120平米あるから800万円～960万円の値段になります。

古い建物が付いていますから、取り壊さないと土地として売れません。まずは解体費がかかります。また解体する以前に1室だけ入居者が住んでいましたから、速やかに退去してもらわなければいけません。その人はかなりの長期入居でしたから、出てもらうのにも立退き費用がかかります。

土地値から退去してもらう費用と、解体費、それにこの物件は擁壁（ようへき）でしたから、これを壊すとなれば300万円くらいかかるのです。そして、また擁壁を直す費用も引いたわけです。そうすると500万円弱になりました。

この数値をみて「これが根拠か！」と思いました。もちろん私が勝手に計算した金額で、本当かどうかわかりません。

おそらく、売主さんはいくらでもよかったのだと推測します。

☆指値が成功したのは、なぜ？

こんな物件ですから、私は満額の450万円で買うべきだと確信して、「これ買います！」と言ったのです。

そのときに業者が発した言葉は「いくらで買いますか？」でした。その言葉の裏には「値切ってもいいですよ」という意味が暗に含まれています。

そもそも「450万円で売ります」と値段を付けているのに、「いくらで買います？」と、どうして聞く必要がありますか？　それには、「安くしておきますよ！」という意味があるからです。

それで私は「これほどまで安いのに、まだ値切っていいの？」と思いました。もちろん、これは心の中の声です。「買います！」と言ったときに「満額で！」を一言付けなくて良かったとホッとしました。

ちなみに話の流れで「これはまだ買付が入っていないのですか？」と聞きました。すると「入っていますよ。業者なので200万円、300万円という感じです」と。

そうすると、業者でもない私が同じように200万円、300万円と要求してはいけないとわかりました。

「さすがに200万円はダメなんだ。なるほど。それならいくらだ!?」と、頭の中をフル回転させました。

すぐ結論を出さなければと焦りながら、もうここは「女は度胸だ！」と思って「それでは切りも良く、400万円でどうですか？」と返事をしたのです。すると業者さんが黙ってしまいました。

「やばい・・・」と、冷や汗が出るのがわかりました。そうしたら、「380万円でいけます」と言うのです。

なぜそこで値段を下げたのか、今でも理由がわかりません。「どうして？」と聞かれても事実ですから本当に意味がわかりません。

ここは現金で購入しました。その理由はこの土地に価値があるからで、ここで380万円程度の融資を引いて抵当権をつけてまで買うのはもったいないと考えたのです。

物件を再生して市場価値を高めてから、これを担保にして、次の物件を買っていった方が、絶対に金額が大きく引っ張れると思ったのです。「これは380万円どころではない！」と判断しました。

この話を投資家さんなどに話すと、かなり積極的に物件購入されている方から「それは投資家的発想だね。確かにそうだと思うよ！」と共感してもらえましたから、これは正しい判断だったと思っています。

☆築45年のボロアパートが甦った！

380万円という激安価格で購入した後、リフォーム工事を行いました。

なにしろ築45年で、バランス釜のお風呂はボロボロ。室内もひどい状態でした。玄関の新聞受けも、封鎖するテープすら貼っていません。開けるとDMが積み上がっていて放ったらかし状態でした。

傾きについては、常に持ち歩いているゴルフボールを床に置いても転がらなかったので大丈夫でした。ちなみに　私はゴルフボールとメジャーは常に持ち歩いていますから、サイズもすぐに測れます。もし傾きがあれば、さすがに買いません。しかし、山手線の内側のような好立地であれば買うかもしれません・・・。

さて、契約から決済までの間に3カ月間も期間が空きました。その理由は、売り主さんが、立ち会いで測量士さんを入れて境界確定をしてくださったからです。

売主さんは、そのような手間を惜しんで、「境界確定をしないかわりに安くするよ」というのはよくあります。数十万円という経費もかかり面倒だからです。境界確定をするにあたり、隣の人すべてを集めて、確約書へ全員の捺印をしてもらわなければいけませんから、時間もかかるのです。これほど爆安で買っているにも関わらず、更にそこまでやってくれるのですから、感謝のあまり言葉もありません。

また、せっかくなので、この3カ月間を有効利用したいと考えました。そこで私は今後も、このような築古物件を必ず買うでしょうから、物件の耐久度を調べておこうと思いました。

そもそも建物の基礎の部分が割れていました。専門家でないとわからない程度ではなく、素人が見てもあきらかにわかるようにパッカーンと割れています。

この状況で大丈夫なのか、私はプロでもありませんから判断できません。それで「境界確定を待っている間に、ホームインスペクションをしてもいいですか？」と聞いてみたのです。

その言い方としては、「穴を開けたり、天井裏や床下に入って、切ったりします。その結果で建物として"使えない"と判断された場合は、私は購入できません。しかし、もともと土地で売るつもりだったのだから解体すればよいし、"住めます"と判断されたのなら、安心して買えます。もちろん、ホームインスペクションの費用は私が払いますから調査を入れてもかまいませんか？」とお願いしたのです。

くわえて「もしも私が買わなくなった場合は、その調査レポート一式を全て差し上げます。次に買ってくださる方には〝しっかり調査しました!〟とアピールしてください」と告げました。

結果的には本格的なホームインスペクション（住宅診断）ではなく、『木耐協』（第4章参照）を通じて無料で耐震診断を実行できました。

結局のところ、「この基礎はヤバイです!　どうしますか?」ということになり、「それでは、もう耐震工事を行う前提で見積もりを出してください」と伝えて、決済後すぐに工事に入りました。

決済待ちの間に「もう工事します!」と予約したのです。なお工事業者は木耐協が指定した業者が派遣されてきます。たまたまかもしれませんが、とても優秀な業者で値段も安かったです。

その他の工事については一応、数社にリフォームの見積もりを取っています。私は今まで大きなリフォームを1度もやったことがなく相場がわかりませんから、いくらで直せるのかを調べてみました。

もっとも高い業者では1000万円超えの見積もりを出してきました。内容を読むと、建物が傾いてもいないのに、すべて基礎からやり直すことを前提に、ジャッキアップする工程まで書いてありました。

つまり、かけようと思えば1000万円かけられたのです、逆に「何もしない」という案がありました。入居者は1人だけとはいえ住んでいますから、何もしなくても最悪家賃1万円にしたら絶対入るはずです。

「不具合があれば自分で直してください！」という契約にして、リフォーム専用の賃貸サイトに、DIYしてみたい人を募集したら良いと考えました。

結局のところ、安全のためにも基礎の補強を行い、外回りと内装、最低限の手をいれることにしました。

基礎・外壁・内装を同じ業者に出すと高くなりますから分けて発注しました。基礎だけは無料耐震診断を行った『木耐協』の業者にやってもらいます。

ちなみに建物は見た目をキレイにするだけですから人の命に関係しません。そこは安い業者を先輩投資家さんから紹介してもらいました。

昔気質の職人さんのようで、「いくらでできますか?」と聞いたら、とてもざっくりとした勘定でした。私もあまり細かい指示を出しません。「全体的に、こんな風に直して、予算はこのくらいでやって欲しい！」と超ざっくりです。その結果、基礎が90万円。外壁・屋根・内装がオール込みで１４０万円。すべて込みで２５０万円です。

外壁については、写真で見るとそんなに汚くないように見えますが、かなりひどかったです。裏側もひどく本来見えない部分でもありますが、あまり汚いのですべて塗り直すことにしました。外階段についてもかなりボロボロでしたが、鉄部を修理して塗装をしたところ甦りました。

内装は古い畳をクッションフロアにして、洋室に変えました。壁はほとんど塗装で仕上げています

水回りは風呂をプロパンガス屋さんに頼んで、全取っ替えしてもらいました。キッチンはカッティングシートを貼っただけでそのまま再生しました。

トイレについていえば、３室の空き中、２室は最初から洋式に変わっていたのですが、1室だけ和式でした。しかし、どれほど安くても洋式への工事費は20万円もします。そこで「それならもう替えなくていいや！」と判断して、リフォームトイレといって、上に便座を被せて洋式風にするだけで、そのままにしていたのです。

これには後日談がありまして、台風がきたときに水漏れをおこしたため、火災保険で修理ができました。修理するにも古すぎて、結局、新しいものに取り換えてくれる

ことになったのです。

☆自分にはＤＩＹは向いていない！　と思い知らされる

工事終了後、ＩＫＥＡで内装セットを入居中の１室を除く全３室分10万円程度で購入し、ＳＮＳで大家さん仲間を募ってモデルルーム化のためのＤＩＹ会を行いました。

古いふすまの上からモザイクタイル柄のウォールシールを全面に貼ってみたり、くねくねミラーを玄関に付けてみたり、お姫様レースカーテンを天井からつるしてみたり、可愛い照明器具を組み立てて設置してみたり、キッチンにカッティングシートを貼ってみたり・・・実際にやってみて、自分がいかにＤＩＹに向いてないかを思い知らされました。

とにかく手先が不器用！　スマホの液晶画面保護シートですら、空気穴ができまくる自分に、カッティングシート貼りなど所詮無理だったのです。このときは見かねた先輩大家さんが取り仕切ってくださり、器用な方々であっという間に完成させて下さいました。

好きで楽しんで、しかもプロにも負けない出来栄えであれば今後も自分でやってみたいですが、ＤＩＹに関しては本当にもうこりごりです。

立地によっては「下手に飾り付けるより、普通の内装で清潔にして、家賃を安くした方がはやく埋まる」ということも学びましたので、今後はあれこれやる前に、募集して下さる管理会社さんの意見をよく聞いて作戦を練るつもりです。

そのためにはやはり、「地域最安値まで家賃を下げても運営できる」価格で購入することがとても大事になってくると思います。ちなみに、この物件のビフォー&アフター見学会後の食事会の席で、とある投資家さんが私の不動産熱の高さを見て、『火の玉ガール』と命名してくださいました。この瞬間から火の玉の誕生です。

２０１４年の5月に契約、7月が決済です。すべての工事が終わったのは9月で、年内に1戸が決まりました。年が明けて２０１５年の繁忙期である3～4月で満室になったのですが、現在は1戸空いています。

この間、滞納がありました。その入居者には「保証会社を使いたくない！」と強情を張られたのですが、私は甘い顔して承諾してしまったのです。そのときは、どうしても満室にしたかったのです。しかし、それで失敗をして、保証会社を入れていないおかげで、自力で追い出す羽目に陥ります。

電話をしても出ない、メールも返信してこない・・・、２カ月目くらいにこれは重症だと判断して、息子（当時８歳）を連れていきなり家をたずねました。

まさか大家が直接来るとは思っていなかったらしく、本人はかなり驚いていましたが、その場でさくさく今後の対応策を相談して、滞納分の家賃支払い日と退去日を決め、署名捺印を取って書面で確約させました。

退去後にも初期費用分などふくめ、数万円の滞納がありましたので、その後はＬＩＮＥを通じてこつこつ振込してもらい、集金を続けました。

退去後数カ月は振込してもらえましたが、しばらく経つとＬＩＮＥも返信が来なくなり、私も自分の手間暇を考えて最後はあきらめました。

他にも、滞納から強制退去になった方がいましたが、そちらは保証会社に加入していたため、全て保証会社まかせで自分はほとんど何もすることはありませんでした。

やはり、保証会社は必ず入っておかなければいけないと、肝に銘じました。

●5号物件のビフォー・アフター

・外壁

After

Before

・基礎

無料耐震診断を使い、本格的に基礎を強化しました。

After

Before

・風呂

プロパンガス業者様の協力により、無料で給湯器化&浴槽交換。塗装は外装工事の業者さんによるサービスで。

After

Before

・玄関

チラシ投げ込まれ放題の玄関を、塗装とIKEAグッズで飾り付け。

After

Before

第2章

仕事を効率的にこなして「時間」をつくる

第2章は仕事術がテーマです。

私は、海外から日本へ来るお客様の日本国内旅行手配、いわゆる「インバウンド業」という少し珍しい仕事をしています。

はじめた当時は、まだまだ馴染みの薄かったこの職種には様々な苦労が伴い苦戦の日々でしたが、自分なりのやり方と工夫で今では快適な職場環境へと進化させました。

仕事での苦労というのは、どの業種であっても変わらないと思います。ですが、日々の業務に追われる中で、いかに快適に働いていくのか、また効率的に時間をつくっていくのかについて私の事例をもとにご紹介していきます。

パレートの法則を実践して、ノーストレスで働く

私は旅行会社に勤務しております。

こういうと「じゃあ、今度海外旅行へ行くとき飛行機の手配お願いするわ〜」などと、よくいわれますが、日本人が外国へ行くための旅行手配ではありません。海外から日本へ来るお客様のホテルやバス、ガイド、ビザなど訪日旅行に必要な旅行手配を行っています。私の担当は中国です。

後述しますが、まだ誰も「インバウンド」などという言葉を聞いたことがない２００２年1月からこの仕事に従事しており、もうかれこれ16年にもなります。

「ただ単に旅行が好き」というだけでこの仕事を選んだ私は、就職したての頃、中国人の対応に四苦八苦で、ほぼ毎日辞めることばかりを考えていました。

だんだんこの仕事のおもしろさに目覚め始めたのは、顧客が付いて、決裁権限が与えられたころからです。

昨年、全訪日外国人の中で、国籍別では中国からのお客様が初めて訪日人数トップになりました（当時の小泉首相が打ち上げた2003年のビジット・ジャパン事業開始以来ずっと韓国が不動の一位）。

「爆買い」が流行語にも選ばれるほど、「インバウンド」という言葉がとてもメジャーになり、この仕事に長年携わってきた者としてはうれしい限りでした。

通常、翌年の予算は前年の実績を見て作られるのですが、2015年はあまりにも業績がよく、対予算150％近くの実績が出てしまっていました。

そのため、社員全員が「2015年は円安の影響もあって特別に異常な年だったのだろう」と思っているにもかかわらず、2016年の予算は対前年実績約130％、対前年予算約180％という高い予算が組まれたのです。

しかし、2016年上半期は訪日客が増え、対予算では少々苦しいものの対前年比からすると夏休みも含め、それなりの実績を残すことができました。

問題は閑散期となる最後の3カ月ですが、こればかりは終わってみるまで分かりません。現在進行形では前年並みかそれ以下、と予想しています。

大変な仕事ではありますが、慣れれば笑いの絶えないおもしろい職種で、私はこの仕事が大好きです。

しかし、どうもそうは思わない社員が多いらしく、毎月のように人が辞めていく、新陳代謝の高い会社となっております。しかも、辞めていくのは入社3～5年目のこれから中堅どころとしてバリバリ活躍できる世代の社員が多いのです。

「同じ業界ならどこに行っても一緒だよ～。もうちょっとしたら楽になるのに、もったいないよ～」と内心思うものの、どうしようもありません。

イタリアの経済学者、ヴィルフレド・パレートが発見した「2：8の法則」（通称「パレートの法則」）はご存じでしょうか。

「経済において、全体の数値の大部分は、全体を構成するうちの一部の要素が生み出している」という理論で、ビジネスでは「売上の8割は全従業員のうちの2割で生み出している」といった事象でよく用いられます。

この「2：8の法則」でいう、「会社全体の利益の8割を稼ぐ上位2割」に入るぐらい（会社のために）稼ぎ、プライベートで更に（自分のために）稼ぐ。

私はそれを実行しています（と、自分では思っています）。上位2割に入れるくらい稼ぐ・・・ということは、それだけ会社に貢献しているということです。

後の章でも推奨する「文句なしの好成績」を生み出す社員は会社での居心地が自然とよくなるものです。

居心地がよければ気持ちよく仕事ができ、ストレスも溜まらず、ますますハイパフォーマンスにつながります。ストレスフリーで時間を比較的自由に使えるサラリーマンになれたら、かなり人生が楽になります。

不動産投資においても有利なサラリーマン生活を、卒業を目標にする前に居心地よくすることを目指す。これが、私がオススメしたい火の玉式サラリーマンの極意です。

ハンデのあった就職活動、非正規社員から正社員へ

今のように効率重視の仕事を行うようになるまで紆余曲折がありました。そもそも私は中国への留学で就職活動のタイミングを逃し、非正規社員からスタートしています。24歳で帰国した私は大阪で就職活動を始めました。世間知らずの今でいう「ちょっと勘違いの入った意識高い系」だったため、「好きなことを仕事にしよう！」と意気込んで、旅行関係の仕事一本に絞って探していました。

新卒でないため就職活動にはかなり苦労し、結局「いろんな国に行けるし、おもしろそう」という理由で、添乗員（いわゆる、ツアーコンダクター）になるべく、派遣会社に登録するのです。どんな安月給&長時間労働が待っているかも知らずに・・・。

最初は日当8000円の国内添乗員からスタート。日本人相手の「添乗員付旅行」に同行し、旅行の行程や時間を管理するのが主な仕事です。大体、月の平均稼働日数15日くらい。前後の打ち合わせや精算の場合、日当は出ません。

当然、家計は火の車です。食事はツアー中か、友人持参の食材を料理してみんなで食べるのどちらかに徹底し、月手取り8万円など月収10万円を切ることも当たり前の中、どうにか生活していました。しかも、切り詰めた生活に慣れてくると、わずかながらも貯蓄もできるようになりました。


そうこうしているうちに、運命の2001年9月11日がやってきます。米国発世界同時多発テロの勃発です。旅行は平和産業なので、テロのような緊急事態が起こると誰も旅行に行かなくなります。

せっかく低賃金でも快適に暮らせる基盤ができたのに、仕事ゼロではさすがに食べていけません。あれこれ悩むより前に、スーツケース一個で新幹線片道1万円の〝ぷらっとこだま“に飛び乗って上京しました。

「東京は日本の一割もの人口が集まる首都で大都市なのだから、大阪にいるより仕事ははやく見つかるだろう」という勝手な憶測でろくに調べもせず、友人宅へ半ば転がり込むような形で、その日から同居生活がスタートしました。

さて、即就職活動を開始。運よく、この年はたまたま「日中国交正常化30周年」で、中国語を使う旅行会社の求人はけっこうたくさんありました。

旅行業専門の派遣会社に「中国語、ペラペラです！」とアピールして登録した私は、さっそく日本最大手ＪＴＢグループの中国系旅行会社からお声がかかりました。

とはいえ、ここでも正社員ではありません。条件に合致するということで派遣社員として旅行会社で働けることになったのです。東京でも、やはり新卒でない中途の私は正社員での入社を狙うにはかなり厳しいものがありました。

仕事内容は一般的ないわゆる営業事務。基本は社内にいて（当時は派遣なのでありませんでしたが、現在は中国現地や日本国内の出張もたまにあります）、中国現地のお客様と電話等でやりとりします。

当時、パソコンは会社に１台くらいしかありませんでしたので、メールも使えません。手書きで作った見積書や依頼書をＦＡＸで送っていました。

このときから進化して、現在はチャットで中国現地のお客様とやり取りし、1人に1台与えられたパソコンで見積り、依頼書作成から旅行手配業務まで全て行っていますが、基本の業務は当時とあまり変わっていません。

これがいわゆる「中国インバウンド旅行手配業」の中身です。

実際に派遣されてから、中国語ペラペラどころか「ペ」レベルだったことがバレましたが、30周年記念の募集ツアーが山のようにあり、猫の手も借りたいくらいの忙しさでした。

おかげで毎日残業の嵐で、すぐに30万円程度の月給に到達しました。

ちょっと前まで月10万円以下で働いていたのが夢のようです。就職前は「毎日満員電車に揺られ、同じ時間に同じ会社で同じ人たちと毎日顔をつきあわせて何年も働き続けるなんて耐え難い！」などと思っていたのに考えを改めました。

「毎日会社の机に座っているだけで30万円ももらえるなんて、サラリーマンって素晴らしい職業じゃないか！」と（いや、違うって）。

このとき私が思ったことはもちろん間違いですが、ある意味真実を突いています。サラリーマンという立場では、一部の歩合給制を除いて、やるべきことをきちんとこなしていさえすれば、たとえ業績が上がらなくてもお給料を支払ってもらえるのです。経営者並みに稼ぐ兼業サラリーマンは、ある意味最強なのでは?・・・なんてことはこのときの私は知る由もありません。

そして、派遣社員として半年働いたところで、人事部からお声がかかり、旅行会社と直接雇用契約を結ぶ契約社員となり、更にその1年後に正社員となります。

当時は派遣先の会社が派遣社員を気に行ったら、派遣元に交渉して自社の社員にする、という話はそれほど珍しくなかったと思います。

部下をとりまとめるにはコツがある!

この仕事の必須条件は、「中国語ができること」で、他にも「経験者であれば顧客を持っている」、「新人は明るく素直、前向きな性格で仕事がはやい」などいろいろありますが、先述のように人の入れ替わりの激しい業界なので、多くを望めません。

国籍は日本でも中国でもこだわりはないのですが、条件を満たす日本人がほぼいないため、必然的に「現地にいるお客様企業とのコミュニケーションがスムーズ」という理由で、日本人より中国人を選ぶことが多いです。

入社以来ずっと上に人がいてくれたおかげで、自分の仕事に集中できる環境でしたが、ついに上司が退職、自分が「チーム長」という立場になってしまいました。自分の実績だけでなく今度はチーム全体の数字について言及されるようになります。

中国部署は仕事の特性上個人主義の人が多く、しかも、「中国」と一口に言っても人口が日本の10倍以上、国土も広い国ですので、地域によって特質がかなり違います。

私のいる中国課で仕事を振る場合は、その社員の出生地に近いエージェントを担当させるようにしています（その方が仕事はスムーズに運ぶ場合が多いのです）。

人の流動が激しく、中堅社員がなかなか居着かないため、ベテランはほとんど管理職になってしまい、現場は新人だらけです。

私よりも更に上の立場の課長や部長、社長から、社員は年中「予算達成！」とプレッシャーをかけられていますので、私まで同じことを言う必要はないと思っています。

そこで、私が具体的に指示を出すのは2つだけに絞っています。

まずは、私がこの仕事をする上でもっとも気にするのは「未収金」です。

会社の規模や契約内容により、支払い方法も異なりますが、私のいる会社では、初めてのお取引以外では、中国側の現地旅行会社からの旅行代金は、「売掛金」として1~3カ月以内に支払っていただく契約となっています。そして、ツアー開始から3カ月を超えても入金がない売掛金のことを「未収金」と呼びます。

海外の旅行社は、残念ながらお金にルーズなところも多くて、ずるずると支払いを先延ばしにされることも多々あります。「未収金」は油断するとあっという間に半年、1年になってしまって、回収に苦労するパターンが過去何度もありました。

そこを、担当の顧客からは1カ月以内回収が当たり前、他の社員にもこれだけは口を酸っぱくして再三督促するようにいいます。これは家賃滞納にも通じると思います。

もう1つは「残業」。基本的に自分で営業、企画、販売をすべて行いますので、愛着を持ってこの仕事をしている社員が多いです。そのため、繁忙期になると自分からどんどん仕事を取ってきて、残業してでもこなそうとするパターンが多く発生します。

私個人的には「好きでやっているなら別にいいじゃん」と言いたいところですが、

社会通念上、また労働基準法上もそれはダメです。部下には、そのスキルに応じて

・どのくらいの業務量なら定時までに終わらせられるのか？
・その業務量でどのくらい稼ぎ出せるのか？

を確認したうえで業務を細かく分け、ルーティン作業は新人社員に振っていくことにしています。

当たり前を習慣化、楽しく仕事をするための極意

そして、いつも考えていることは、とにかく「楽しく仕事をする」ことです。仕事が面白ければ自然と職場が好きになり、長く続けたいと思うはずです。慣れてくれば処理能力も上がってスピードも出ますし、量がこなせるようになります。

今の私の役目は、「楽しく仕事ができる土壌を作る」こと。そうなれば、数字という

結果は自然についてくると考えています。ここで、私が常々心がけている、「楽しく仕事ができるサラリーマンの極意鉄則7ヶ条」をご紹介しましょう。

●楽しく仕事ができるサラリーマンの極意鉄則7ヶ条

【会社での心得】

1．目立たない（2．を実践していれば悪目立ちしない）

2．文句なしの好成績（営業部の好成績社員は会社での居心地が自然とよくなる）

3．残業をしない（ある程度は仕方ないが、遅くまで居すぎると悪目立ちするのでNG）

【生活面での心得】

4．よく寝る（健康とハイパフォーマンスにつながる）

5．酒とタバコをやめる（右に同じ）

6．時間もお金も無駄遣いしない（時間は命。もちろんお金も大事）

7．家族に優しく（家族は人生の柱であり生きる原動力です）

1から3は、ストレスフリーで会社での居心地を良くする必須条件、4から6は人生を豊かに過ごすコツですので、ぜひ参考にしていただければと思います。

また、この鉄則を実行するためには、時間管理が必須です。

すべては６に集約されていますが、とくに３の「残業をしない」を守るためには、仕事の効率化は欠かせません。

労働基準法で決まっている法定労働時間は１週間40時間が上限ですので、一般的なホワイトカラーの企業であれば、１日実働８時間（休憩１時間）＋週休２日、というのが標準ではないかと思います。


私は今自分が行っている「インバウンド旅行業」以外の業種の仕事の進め方は分かりませんし、労働時間削減をアドバイスできるプロのコンサルティングでもありませんので、私が実践しているやり方は職種によっては応用できないかもしれません。

念のために申し上げておきますと、この業種はオンとオフの差が激しく、トップシーズンになると「家に帰れないのではないか」と思うくらいの量をこなさなければいけませんので、年間を通してずっと「ノー残業」はなかなか難しいです。

実際、同業他社の知り合いの話を聞いても、男女問わず夜遅くまで働く人はかなりの数にのぼります。その中で毎日ノー残業を可能にするにはスキルはもちろんですが、考え方も重要ではないかと思います。私が心がけているのは以下の７つです。

・業務量ではなく定時ありき。終わらない、ではなく必ず終わらせるよう、しかし目標数値は落とさずに業務をスリム化・効率化する。
・定時10分前にはその日の仕事をまとめて手じまいの準備。
・定時にアラームを鳴らし、鳴ったら即離席。
・毎日定時に帰ることで、顧客・取引先も含めた周囲の人全員に「あの人は定時で帰るから早めに依頼しよう」と認識してもらう。
・正確な仕事をして、トラブル・クレームを減らす。
・自分の不在時に他の社員に対応してもらいやすくするため、常に自分のデスクやパソコンを整理し、進行中・手配中・見積中のツアーはすべてファイルごとに分けて共有フォルダに入れておき、何がどこにあるかを社員全員で共有しておく。
・ツアーのキーマンであるガイドとコミュニケーションを取って良好な関係を築く。

順を追って説明しましょう。

まず考えるべきは、先述の「この業務を終わらせるには、どのくらいの時間が必要か?」（業務ありき）ではなく、「どのくらいの業務量なら定時までに終わらせられるのか?」（定時ありき）です。

これは、仕事を振られる側の一社員ではコントロールが難しいところがありますので、仕事を振る側のマネジメント層が、より気にしなければいけないポイントです。個人予算があればその数値、チーム予算のみの場合、社員全員のスキルを加味して割り振った数値に達していない場合、業務の効率化、高収益化、スピードアップの方法を自身の経験に基づいて伝授します。

くわえて自分自身がノー残業を貫くには、習慣化することが必須です。

毎日定時に帰っていれば、お客様も「この人は18時になったらいなくなる」と認識しますので、17時50分を過ぎた新規の依頼は翌日対応になることが分かっています。

また、私の場合、顧客が中国なので1時間の時差があります。そのため、朝は日本時間10時半まで現地は誰もいません。そこで、お客様の出社前1時間半が勝負です。前日、自分が帰宅した後から夜中にかけて大量のメッセージや添付ファイルが送付されてきています。夜のうちにメッセージを読んで、緊急事態が発生した場合のみ、その場で対応します。緊急性が高くなければ翌日午前中に対応します。

このように退社後に伝言された分の仕事は、翌朝お客様の出社前にすべて処理しておけば、また新しくその日の仕事から両社同時にスタートすることができます。

休日や夜中のクレーム対応もしなければならないのですが、日々の業務を正確にこなし、少しでも不安要素があれば事前の対策で、トラブルそのものを減らせます。

予期できない原因での突発的なトラブルは回避が難しい場合もありますが、団体ツアーに同行するガイドをよく教育することで可能となります。

具体的には、詳細な指示内容を記した手配書を渡し（自分がミスなく手配することは大前提）、緊急事態以外で私に電話せず、現場でガイド自身が解決するように打合せ時にしっかりと話し、それを毎ツアー繰り返す、ということです。

これは大家と、仕事を受けてくれる職人さんなどの関係と似ていますね。

手配ミス、伝達ミス、自然災害、などトラブルの起因は様々ですが、ガイドは旅行の肝（キーマン）ですので、優秀なガイドが付くツアーではほぼクレームが来ません。

彼らと日ごろからよくコミュニケーションを取って、気持ちよく仕事をしてもらうことでツアーも上手く回ってお客様も満足、こちらも楽だし、彼らの生活も潤う、という三方よしの関係ができます。

いかがでしょうか？　良好なコミュニケーションは不動産賃貸業でも大いに役立ちます。当たり前のことばかりですが、「当たり前を習慣化」が大事なのです。

安定した「3点倒立生活」（仕事・家庭・投資業の両立）を目指して

サラリーマンは自由が少なく、「社畜」という言葉もあったりしますが、最終責任を負うことはないわけで、考えようによってはとても楽な立場です。

サラリーマン業と不動産賃貸業（不動産投資）にはそれぞれメリット・デメリットがあり、それらは補い合うことが可能で、実はとても相性がいいのです。

経済的余裕が生まれることで、サラリーマン業も広い視野で見られるようになり、自分の意見も臆することなく上司に言うことができるようになります。

自信がつけば自然と顧客も増え、市場がいいときは数字を伸ばし、悪いときはデータ管理や市場調査などそのときに自分ができることを淡々とやって結果を出していれば、安定した「3点倒立生活」（仕事と家庭と投資業の両立）を送ることができます。

全てがすぐに結果が出るものではありませんが、どれも、ある程度の時間をかけて長期的な利益（結果）を安定的に得られるものです。時間配分と考え方のバランスを取ることでコツコツと続けていけるのだと思います。

ちなみに私には、会社での出世欲はまったくと言っていいほどありません。融資に必要な属性であり、家計を支え投資を続けられる程度の安定した収入を得るため、定時内に求められた結果を出すこと。私の考える会社員生活はこれに尽きます。人材と言葉の問題がありますので、今の職場で担当の仕事が変わる可能性はほとんどないと思います。現場の人間として、一通りやり尽くした感があります。

今後の見通しとしては、後輩の育成が課題です。どんな市場であっても安定的に数字を残し、リスクを見極めて顧客と対峙していく、という方法を後輩たちに伝えていくこと。これを数年でやることが、会社員としての仕事かな、と思っています。

仕事も家庭も投資も、それぞれに配分した時間の中で、自分の決めたことを最後までやり抜く、ということを考え、日々の生活を送っています。

第3章

家庭・子育ても大切にしながら「お金」をつくる

不動産投資に欠かせないものといえば自己資金です。

いくら貯蓄があっても、家庭を持っていれば好き勝手に使うことはできません。また、家計に余裕がなければ、不動産投資に使える資金を捻出するのは非常に難しいことです。

この章では、家庭内経済を好景気にしつつ、高速で自己資金をつくり出していくための方法を、我が家の家計を例にしながらご説明していきます。

現役バリバリで働くサラリーマンの視点と、小学生の母親でもある主婦の視点をぜひ参考にしてください。

我が家の家計簿

共働き夫婦の場合、財布が別々で「配偶者がどのくらいの給料をもらっていて、何にどのくらい使っているのか不明」という家庭は意外と多いのではないかと思います。

我が家も自宅を購入するまでそのスタイルで、基本財布は3つ。自分の財布、ダンナの財布、家計費を出す共通財布です。

詳しい金額は知りませんが、結婚当時はだいたい年収は同じくらいでしたので、家賃（そのころは賃貸）、食費、光熱費、その他諸々の生活費をざっくり計算し、引き落としの分は共通の口座へ、現金分は共通の財布へ、といった具合にお互いに毎月定額いくら、という感じで決まった金額を財布または口座へ入金していました。

変化が訪れたのは息子を妊娠して、産休に入ってからです。

それまで定期的に毎月振り込まれていた給料が入らなくなり、代わりに出産手当金（産休終了後は育児休業給付金）をもらい始めましたが、給料に比べて額が少ないのです。

それで、それまでと同じ定額だと払うのがキツくなり、夫婦で相談して「給料がいくらの場合でも定率いくら」というように変更しました。

当時は今に比べて産休も育休も手当の額がずっと額が少なかったので、はやくフルの月給を稼ぎたくて、産後4カ月目がちょうど4月だったため、それに合わせて息子を保育園に入れて復職しました。

人見知りをする前の時期でしたので、慣らし保育もなしでいきなりフル預け、保育園の先生には本当に何から何までお世話になりました。

次の変化は自宅を買うときです。

私はかなりの倹約家（別名ケチともいいます）で、小さいころから貯金が趣味、月給8万円の時代でさえ毎月1〜3万円はためていたくらいなので、このころにはある程度まとまった貯金は持っていましたが、さすがに住宅ローンなしで買えません。

頭金や返済計画を立てる関係で夫婦の所有資産を把握する必要が出てきたため、ここで初めてダンナの源泉徴収票と個人通帳を見せてもらいました。

ダンナには申し訳ないのですが、「えー、その年でこんだけしか持ってないの？」というのが正直な感想でした。

そこで、共通口座でためた定期預金や投資信託等の金融資産を整理して貯金をかき集め、登記割合が１対１になるように資金配分をし、不足分を住宅ローンで組みました。住宅ローン減税をフル活用できる、かつ無理のない金額の範囲で、返済期間は固定で10年としました。

ちなみにマイホームは、23区内で当時築16年の区分マンションを購入しました。

購入にあたっては、ファイナンシャルアカデミー代表の泉正人さんの著書『お金の教養－みんなが知らないお金の「仕組み」』（大和書房）を読んで、その中の「マイホームの選び方」を参考にしました。

このことがあってから、ダンナに任せておいてはお金が貯まらない！　と一大決心をして、透明な家計運用を始めました。

まず、私名義、ダンナ名義、子ども名義で持っているすべての金融資産、不動産、投資商品、年金、ポイント、などなど換金できるものはすべて電子家計簿『マネーフォワード』（https://moneyforward.com/）に入力しました。様々な電子家計簿サイトがあるのですが、いろいろ試してみた結果、私はこれが一番よかったです。

マネーフォワードは、ネット証券口座情報を入力することで「株や投資信託のリアル価格」、ネットバンキング情報を入力することで「日々の出入金状況」、クレジットカード情報を入力することで「カードの利用履歴」等々すべてあがってきますので、いちいち書き出したり口座を確認する手間が省けます。

我が家では、給与の7割を共通口座（または財布）に入れ、残りが自分の自由、というルールになっており、子どもの口座、共通口座は私が運用しています。投資配分は以下のようになっています。

●我が家の投資配分

【共通口座（ダンナ＋私の給与7割合算額）より】

・個人型確定拠出年金のインデックスファンド（月額2万3千円　※厚生年金の場合の上限額）
・証券会社の特定口座でインデックスファンド月額1万円
・証券会社のＮＩＳＡ口座で優待・配当狙いの現物日本株年額１２０万円（ＮＩＳＡの上限額）
・生命保険料控除のための生命保険、医療保険、個人年金保険年額約20万円

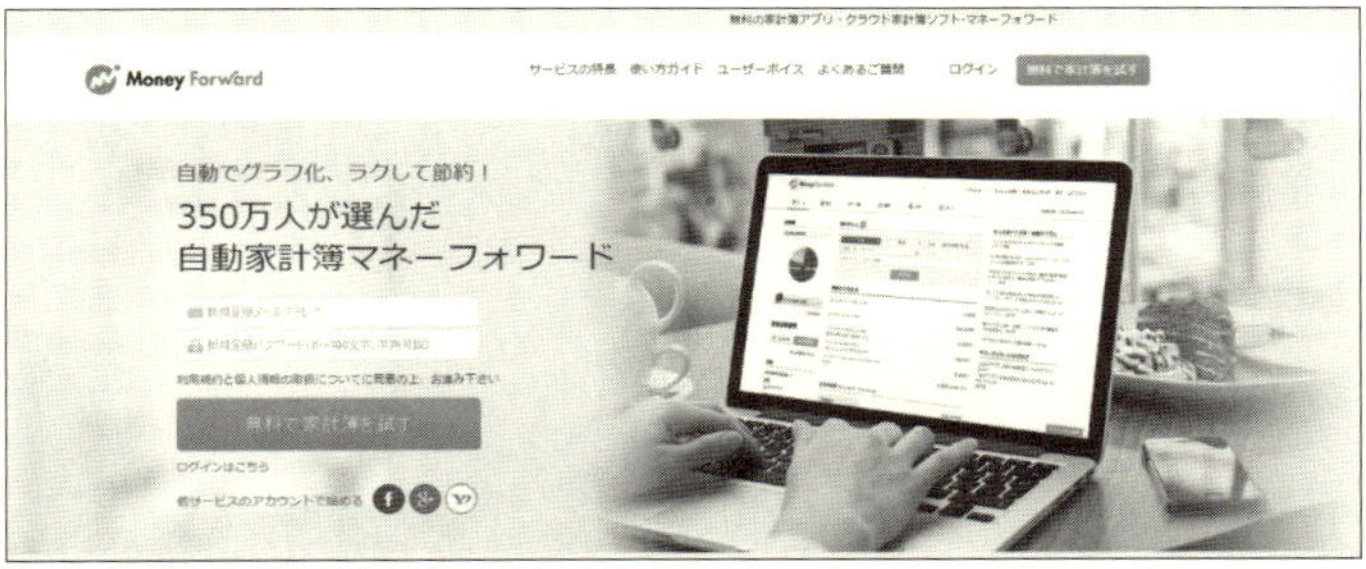

●電子家計簿『マネーフォワード』（https://moneyforward.com/）

【自分名義の口座（給与の3割）より】
・個人型確定拠出年金のインデックスファンド（月額２万円）
・証券会社のＮＩＳＡ口座で値上がり重視の現物日本株年額１２０万円
・生命保険料控除のための生命保険、医療保険、個人年金保険年額約20万円
【自分名義の家賃口座】
・不動産関連支出以外には一切使わない。次の購入に向けてひたすらためる。
【子ども名義の口座（お年玉やお祝い金など、家族・親戚からのもらい物）より】
・証券会社のジュニアＮＩＳＡ口座でインデックスファンド月額1万円（年12万円）＋優待・配当狙い＆長期保有目的の現物日本株年額68万円（ジュニアＮＩＳＡの上限年額80万円）

投資とは異なりますが、これの他にダンナ名義と自分名義でその年の所得に応じてふるさと納税を10万円程度行っています（ふるさと納税については、この章の最後のコラムを参照ください）。

不動産からの収益は全額再投資に充てますので、ふるさと納税の返礼品と株主優待はもっぱら家族に還元するようにしています。

働く母の「仕事と主婦と子育て」のコツ

最初にお断りしておきますが、子育て・教育という分野には正解はないと考えています。

それぞれ、育てる親の育ってきた家庭環境、家庭ごとの経済的理由、お住まいの地域の特性、子どもの将来に対する親の考え方、兄弟の有無などの各家庭における諸事情により、様々な子育てのやり方があり、「どのやり方が子どもにとって一番幸せか？」は一概に言い切れないと思います。

ここに記してある子育てのやり方は、あくまで私個人の考え方に基づくところが大きいため、決して「これが正解」と言っているわけではありません。「こういう考え方もある」という、一案として気軽に読んでいただければ幸いです。

共働きのお母さん（もちろんお父さんも）は、とにかく時間がありません。なので、便利家電と呼ばれる時短を促進する家電はどんどん活用すべきと思います。

また、世帯収入のうちある一定程度は、自分の時間を捻出するために使った方がよいと思います。

お金よりもむしろ時間の価値を認識してほしいです。基本的に「自分の時間は、自分しかできないことにのみ使う」を徹底し、他の人でもできる人、代わりになる人がいる場合には、しかるべき対価を払ってアウトソースする方がいいと思います。

その場合の基準を知るには、「自分の時給がいくらか？」をまず計算することです。

火の玉的時給の算出方法は、以下の通りです。

サラリーマン年収÷１年のうち真に出勤する時間（出勤日から実際取得した有給休暇も含めた休日をすべて除き、更に休憩時間控除、残業時間も含めた正確な勤務時間）

すると年収はわりと高いのに、サービス残業や休日出勤、更には有給休暇の取得率が低いせいで思ったよりも時給が安い、なんてことにもなります。

私の場合、「ノー残業・有給100%消化・休日出勤なし」のおかげで、年収はさほどではありませんが時給は約3000円です（給与所得以外の投資収入は含みません）。

そのため、時給3000円以下で人にお願いできるなら、自分はその時間を別のことに充てた方が作業効率は上がると思います。参考までに家事代行は2時間で5000円程度（シルバー人材センターなら時給1500円程度）です。

家事全般が得意でないなら、掃除・料理も含めてお願いしてもいいと思いますが、ここは私なりのルールがありまして、「子どもには母の味を覚えてほしい」という思いと、「自分が住む家は自分できれいにする」という観念を教えたくて、週末の家事は夫婦でやることにしています（そろそろ息子にも家の手伝いを教えなくては・・・）。

その代わり、食洗器や洗濯乾燥機などを活用して、時間短縮に努めています。

あとは、「子どもと一緒に過ごす時間」をどうやって捻出するか、ということですが、これはもう「自分の趣味に子どもを巻き込む」が一番一緒に過ごせます。

私の趣味といえば、不動産、スポーツ観戦、読書。息子（現小4、今年10歳）小さいころから不動産の現地調査でも、サッカー競技場でも野球場でも、年齢制限がない限りはどこでもいっしょに連れて行き、夜寝る前の「読み聞かせ」の時間には、大人も子どもも楽しめる本を一緒に読み進めるようにしています。

火の玉式教育論　～子どもに対してどうお金と時間を使うか～

我が家は私、ダンナ、息子の３人家族です。

女子の場合、どう努力しても中身が残念な感じだったら、外観を磨いてよいパートナーとめぐり会うことで別の人生が拓ける可能性がありますが、男子は自分の中身で勝負するしかありません。

そういう意味では、「女子よりも男子の方が教育に力を入れた方がいいのではないか」というのが私の考え方ですので、「いつ」「どんなことを」教えていくか、というのはかなり早い段階から考えていました。

例えば、「受験（受検）」について。

もし、幼稚園受験を考えているなら、それこそお腹にいるころから資金計画や育て方について、配偶者とよく話し合った方がいいと思いますし、小学校受験でも遅くても2～3歳ころから準備が必要ではないかと思います。

その点については、我が家の場合「子どもが自分の意思で受験する、そのために勉強する、と分かるようになった年齢で受験する方がよい」という考えで夫婦の意見が一致したため、親の影響力が大きい幼稚園受験と小学校受験は選択しませんでした。

そもそも、バリバリ働く共働き家庭では「保育園（延長あり）」が鉄則ですので、「幼稚園」という選択肢はなきに等しいです。

そこで、受験するなら中学受験から、と決めたのですが、小さいころから学習習慣は身につけさせた方がよい、ということで保育園年長くらいのころから読み書きの通信教育をはじめ、結局、小3の2月から進学塾に通い始める直前まで続けていました。

他には、学校では教えてくれない「お金の話」は割と小さいころからしてきました。「金持ち父さん　貧乏父さん」で有名なロバート・キヨサキさんのボードゲームの子ども版『キャッシュフローゲームｆｏｒキッズ（日本語版）』（マイクロマガジン）は4歳ころから寝る前に毎晩やっていました。

その他、ひらがな・カタカナ・アルファベット・九九・日本地図などの防水シートをお風呂に貼っておいたり、オセロや将棋、百人一首カルタ、日本地図すごろく、ジグソーパズル、立体ゲーム「ロンポス」、学習まんが等々の知育玩具を、子どもの興味の矛先を見ながら適用年齢ごとに与えて一緒に遊ぶなど工夫はしてみたつもりです。

3DSなどのゲームについては、自分がまったくやらないこともあり、できれば与えたくなかったのですが、小学生ともなると、一緒に遊ぶ友だちがほぼ全員持っていて、「持ってなければ仲間に入れてもらえない」と悲壮感を漂わせながら訴えるので、時間のルールを決めてやらせることにしました。

我が家のルールは、次の2つです。

・ソフトの新調は年に1回だけ（誕生日またはクリスマスプレゼント）
・ゲームをやる時間は、テレビと合わせて平日30分、休日2時間まで。

平日はもともと「テレビと合わせて1時間」の決まりでしたが、小3の2月から進学塾に行き始めるとそんな時間はまったくなくなり、「夕食時にごはんを食べながら30分のテレビ」が精いっぱいで、ゲームは休日しかやらなくなりました。

塾の学習が、息子にとってはかなり難しい内容で、付いていくのに必死、という感じですので苦手分野の漢字や地理、理科の生物などは、DSソフトの学習シリーズなどで、「遊びながら勉強を兼ねる」も工夫するようにしています

人生で使うあらゆる支出の中で、「教育」に対する投資の価値がもっとも高く、リターンも大きい、というのが私の考えです。

もともと子どもは2人欲しかったのですが、残念ながら2人目のご縁がなかったようで、自分が40歳を迎える年に「子どもは生涯1人」と腹をくくることにしました。

私はファイナンシャルプランナーでもありますので、マイホーム購入の前に一度我が家のライフプランと資金計画表を作ってみたことがあります。

そのときの計画では38歳から投資活動をはじめて、子ども1人あたりの教育費・2000万円、2人分で約4000万円を計上していました（数値の根拠は、文科省の平成22年度「子どもの学習費調査」を参照）。

「子ども1人に2000万円」は、幼稚園から高校卒業まですべて私立に通った場合の平均学習費（大学4年間の費用は含みません）ですから、各家庭の事情によってどんな学校に通わせるか、を考えればよいと思います。

この金額は、多く思えますが世帯年収1000万円クラスの共働きで、投資を上手

く組み合わせれば、割と無理なく、むしろ余裕をもって資金繰りができます。

我が家では子どもが1人になり、当初予定の半分でよくなりましたので、1人の教育にもっとかけてもいいことになります。一番費用のかかる平均値の更に倍まで余裕があれば、大学費用はもちろん、留学費用や興味のある習い事の費用まで捻出できます。

私が投資活動を続ける一番のモチベーションは、子どもの成長です。いつどんなときでも子どもの背中を押して応援してやれる親でありたいと思っています。

「4つの領域」を検証する

共働き家庭では家事を毎日完璧にこなすことは難しいです。

2人で家事を分担し、毎日やることと週末にやることを決め、それぞれのリズムでこなしていけば習慣化され、慣れれば苦痛ではなくなります。

完璧でなくても家族の幸せには影響しませんので、規則正しい生活の中に少しずつ習慣を加えていくことで、家庭と仕事の両立が可能になります。

「緊急ではないが、重要なこと」を習慣化することが、次のステージへ自分を引き上げてくれます。

そのために家事を利用して時間を二重に使うことは、とても理にかなっているのではないかと思います。「頭を使うこと」を両方一度にこなすことはできませんからね。

この「緊急ではないが、重要なこと」というのは、『7つの習慣』（スティーブン・R・コヴィ著）の中に出てくる「4つの領域」のうち、最も長期的な夢に貢献すると言われている第2領域です。

「4つの領域」について、少し付け加えたいと思います。

●4つの領域

・緊急度【高】&重要度【高】

↓　第一領域

・緊急度【低】&重要度【高】

↓　第二領域

・緊急度【高】&重要度【低】

↓　第三領域

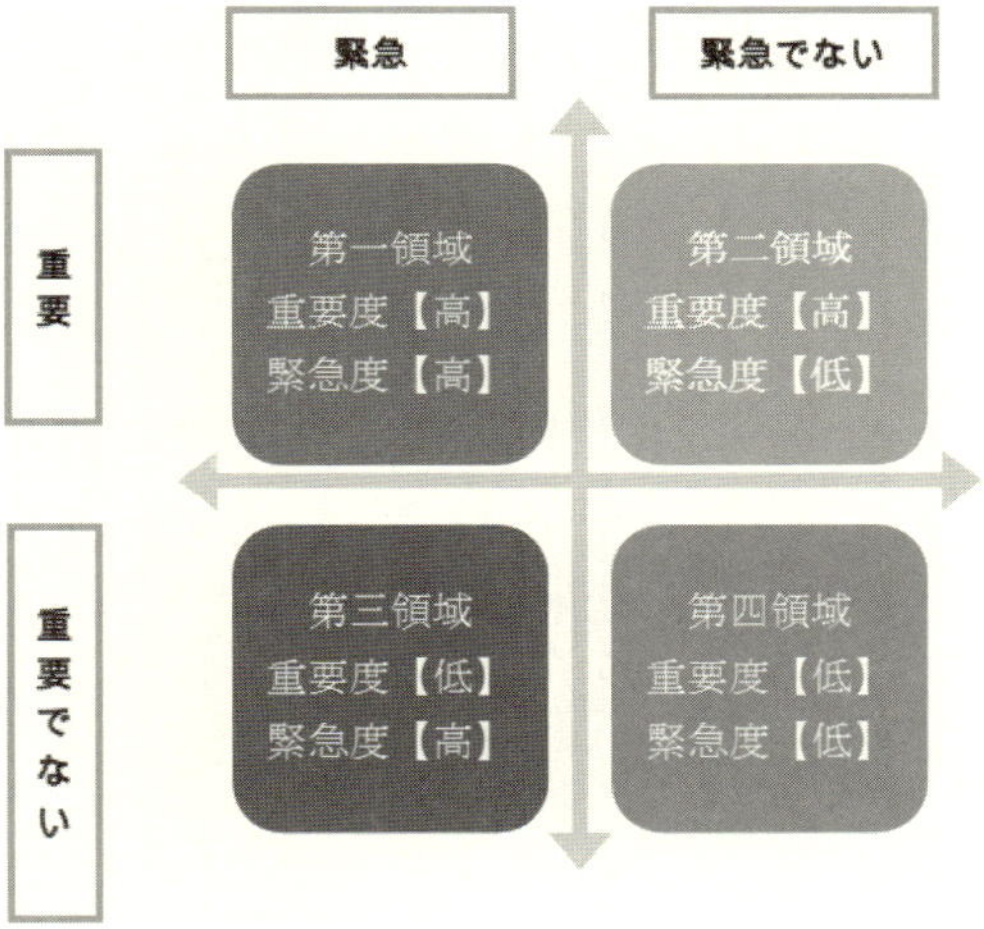

・緊急度【低】＆重要度【低】
↓　第四領域

この図の中で、長期の夢に最も貢献するのは「緊急度は低いが、重要度の高い」第二領域と言われています。

つまり、「差し迫ってはいないけれど、大切なこと」です。

人間どうしても、「わかってはいるけれど、できない」。やめられない」ことってありますよね。例えば、「体に悪いと分かっていても、間食やたばこをやめることができない」など。「このまま貯金しないで浪費を続けていれば、将来の自分が困る」もそうです。

これらの特徴は、「今すぐ（貯金や禁煙を）やらなくても、すぐには困らない」ことです。

すぐに結果が出ないので、すぐに始めることが難しく、目の前に差し迫っていること（緊急度【高】）を解決することを、重要度が高いか低いかを後回しにして優先しがちです。仕事上でのトラブル解決もそうですね。

しかし、そもそもトラブルが起こらないように、ミスなくきっちりと普段からやっていれば余計な仕事を増やさなくて済むのです。これは家庭にも言えることです。

自分が本当にやりたいことは何か？

最終的にどうなりたいのか？

どんな人生を送りたいのか？

こういったことを突き詰めていくと、自分の目指す目標（「7つの習慣」では「ミッション・ステートメント」と表現されています）が見えてきます。

そのために「必要な日々のこと」は「緊急度は低いが、重要度の高い」ことが多いと気づくと思います。

例えば、資格取得。興味があって自分に必要と判断したら、思いついたときに始める。まとまった時間は取れなくても、移動や家事のスキマ時間で勉強できます。

そして、資産運用。将来、私かダンナのどちらかの労働収入が途絶えることになった場合、半分の収入で医療費や生活費、教育費が問題なくまかなえるでしょうか？

その答えが「否」の場合、本当に困った事態になってから慌てて運用を始めても遅すぎます。

資産運用は「利回り×時間」ですから、利回りを生み出す元金が大きければ大きいほど、運用期間が長ければ長いほど、増えていきます。元金がそれほど多くなくても、時間が長いほど運用するには有利なのです。

本当は、「20代のうちに知っていれば（始めれば）よかった」と後悔することもたくさんあります。でも、労働以外に収入を得る方法があることを、当時はもちろん誰からも教えてもらう機会がありませんでした。

自分が30代後半で初めて知った投資のことを、「お金の話」として息子には身近に感じてほしいと思っています。

ちなみに私のダンナは資産運用にはまったく興味がないため、お金の話をすることはあっても、主に私がやっていることの事後報告です。しかし、そんなダンナも数年前に相続を受けて、都内に区分マンションを3軒所有する大家となりました。

比較的手間のかからない都心区分とはいえ、築古ですから修繕も発生しますし、退去が出たら募集活動もしないといけません。

そのため、このところ家族で出かけるといえば、習い事や学習に関連すること（サッカー観戦や職業体験、学校見学など）や、ダンナと2人なら不動産の現地調査や税理士先生の事務所を訪問するなどがほとんどです。

ダンナも子どもも最初のころは私につき合わされてしぶしぶ、だったと思うのですがだんだん慣れて来て、訪れた先から何かを学んで帰ってきているようです。

どんなに忙しくても、やはり「家族」は人生のなかで一番優先するべき大切なものです。

家族で一緒に過ごすことは、自分がやっていることを相手に理解してもらい、また は相手が自分のことをどのように感じているのかを確認するいい機会です。

すぐに結果の出ないことをやり続けるのは正直難しいですが、「なぜ、自分が、今、これをやっているのか」を口で説明するだけでなく、一緒に過ごして体験してもらうことでより理解してもらえるのかな、と思う次第です。

仕事に家庭は持ち込まない、家庭に仕事は持ち込まない

仕事と家庭をどのように両立していくのかといえば、次の2点を徹底して、時間ごとに頭のスイッチを切り替えることがポイントです。

・仕事に家庭は持ち込まない
・家庭に仕事は持ち込まない

とはいえ、兼業大家をやっていると仕事中に電話がかかってきたり、メールが入ったりしますし、帰宅後や休日に本業の緊急電話がかかってくることもあります。

本業の仕事中に大家業の電話がかかってきても、その場で出ることはできませんので、なるべく早く、例えばトイレに行った隙にでも、さっと担当者さんの携帯電話にショートメールを打って、要件をメールしてもらうよう返信します。そして、昼休みや退社後の時間で解決するようにします。

空室がある場合、仲介業者の担当者さんには、条件緩和や家賃交渉の際の裁量権をあらかじめ与えることで、内見を逃すといった機会損失を減らせます。

時間は誰にでも平等で1日24時間しかありませんので、それをどのように使うかでその人の人生が決まります。

今やっていること以上に、新しいことをはじめたいと思ったら、何かをやめるか、もしくは、それにかける時間を短縮して新たな時間を捻出するかのどちらかしかありません。

また最適な睡眠時間は人によって違いますが、私の場合は最低でも7時間は必要です。22時就寝、5時起床の生活を何年も送っていますので、22時になれば自然に眠くなり、5時前後に自然と目が覚めます。

睡眠時間を5~6時間に削ると、たしかに時間は捻出できますが、その分効率と処理スピードが落ち、ミスが増えますので結局は逆効果です。

「休日」も体を休めるだけでなく、投資活動や勉強も自分が好きでやることなら、「お金を使うレジャー」ではなく、「お金を生むレジャー」として楽しめるのです。

なんでもそうでしょうが、とにかく「スーパーポジティブ思考」が大事ではないかと思うのです。

かの、マザー・テレサの名言を聞いたことがある方は多いと思います。

思考に気をつけなさい、それはいつか言葉になるから。
言葉に気をつけなさい、それはいつか行動になるから。
行動に気をつけなさい、それはいつか習慣になるから。
習慣に気をつけなさい、それはいつか運命になるから。

「運命」とは、あなたの「人生」です。思考が変われば、最終的に人生も変わるのです。はじめる前から「どうせうまくいかない」と決めつけたら、うまくいくはずがありません。同じやるなら「必ずうまくいく」と思った方が、その確率は格段に上がります。

万が一、そこではうまくいかなかったとしても、結果を「失敗」と思わず、その経験を糧にして、またチャレンジすればいいのです。

成功するには小さな失敗の積み重ねが欠かせません。他人から見て失敗だと思われても、自分自身がそれを学習の機会ととらえて、次のステップに進めばいいだけのこと。学習を積み重ねなければ、次のステージへは行けません。

私は何をやるときでも必ず「自分にはできる」と信じてはじめます。「失敗した」と思ったら軌道修正を行い、その結果、本当に「ダメだ」と思ったらサンクコスト（中止した際に戻ってこない投下費用）を勉強代だと思って撤退することに決めています。もし、はなから「自分には無理」と思っていたら私は今でも本業と家事＆子育て以外の何もこなせていなかったでしょう。

できている人がいるなら、それは私にもできること。

私ができることはあなたにもきっとできます。

「これがやりたい」「こうなりたい」をまず思い浮かべて、「必ずできる」という信念を持って、今すぐ行動を始めてほしいと思います。

不動産投資と家庭をどう両立するか？

サラリーマン業と不動産投資は相性が良いと思います。

朝の出勤前、通勤時間の電車内、昼休み、終業後、週末、などに物件をネットで探したり、担当さんと電話やメールでやり取りしたり、現地調査に行ったりできます。

これはひとえに、不動産賃貸業が自分の労働力ではなく、しかるべき対価を払って他の人に委託できる事業だからといえます。

一方、サラリーマンという安定した立場と収入は、不動産購入に深くかかわる融資において非常に有利です。

自分自身は個人事業主、または専業主婦といった立場であっても配偶者が安定した職業に就いていれば、その属性を借りて融資を受けることも可能です。

そこに、家事や子育てといった家庭の仕事が加わるわけですが、「夫婦2人でフルタイムの共稼ぎ」「夫婦で協力しての不動産投資」「家事の分業」が一番理想的です。

2人とも安定した職業（できれば別業種）を持っていれば、万が一どちらかの会社や健康に何か起こって働けなくなったときも、どちらかの収入は残ります。収入が半減してしまっても、不動産からの安定収入があればかなり大きな心の支えになると思うのです。

1本足よりも2本足、2本足よりも3本足。家計を支える支柱は多ければ多いほど安定しますので、ダブルインカムに加えて、もう一つ労働収入以外の収入源を持つことは経済的余裕だけでなく、心理的余裕も生まれます。

今すぐに必要な、緊急性の高いものではないかもしれませんが、自分と大切な家族のこれからの長い人生を豊かにする手段の一つとして、不動産投資に真剣に取り組むことは、時間やお金をかける価値のあるものだと私は考えています。

私は、人のお金、人の時間を使って投資したものが殖えて戻ってくることを実感することに喜びを感じますが、ダンナはそうではありません。

投資金額を全額再投資しているため、物件の規模や数は増えていますが、今の状態では、自分の生活が豊かになっていることを実感できないのです。

だから、無関心な身内を味方に付けたいなら、メリットを説明するだけじゃなくて、実感してもらわなければいけません。

自分のリスク許容度と相談しながら規模を大きくしてキャッシュフローを殖やしていき、そして一定額は家族に還元する・・・という風に、目に見える形で恩恵を受けられれば、今まで興味のなかった人もその魅力に気付いてくれるのでは、と思います。

Column

使える！「ふるさと納税」～贈答編～

私は「ふるさと納税」を、主に贈答用として活用しています。これまで行った贈答の中から、オススメの自治体をご紹介します。

各人の納税最適額の計算方法や、「ふるさと納税とはなんぞや？」といった基本情報は詳しい書籍もたくさん出ておりますので、ここでは簡単に概略だけを説明させていただきます。

「ふるさと納税」とは、「ふるさと」という名称ではありますが、出身地に限らず全国どこの都道府県、市町村へ行える寄付金制度です。個人が２０００円を超える寄付を行ったときに、ある一定の割合で所得税と住民税から控除されます。

また「ふるさと納税」を行うと、その自治体にもよりますが、お礼の品として特産品などが送られてきます。これが大きな魅力となっています。

くわえて２０１５年からは確定申告不要のワンストップ特例制度が開始されました。具体的に変更となった点は、

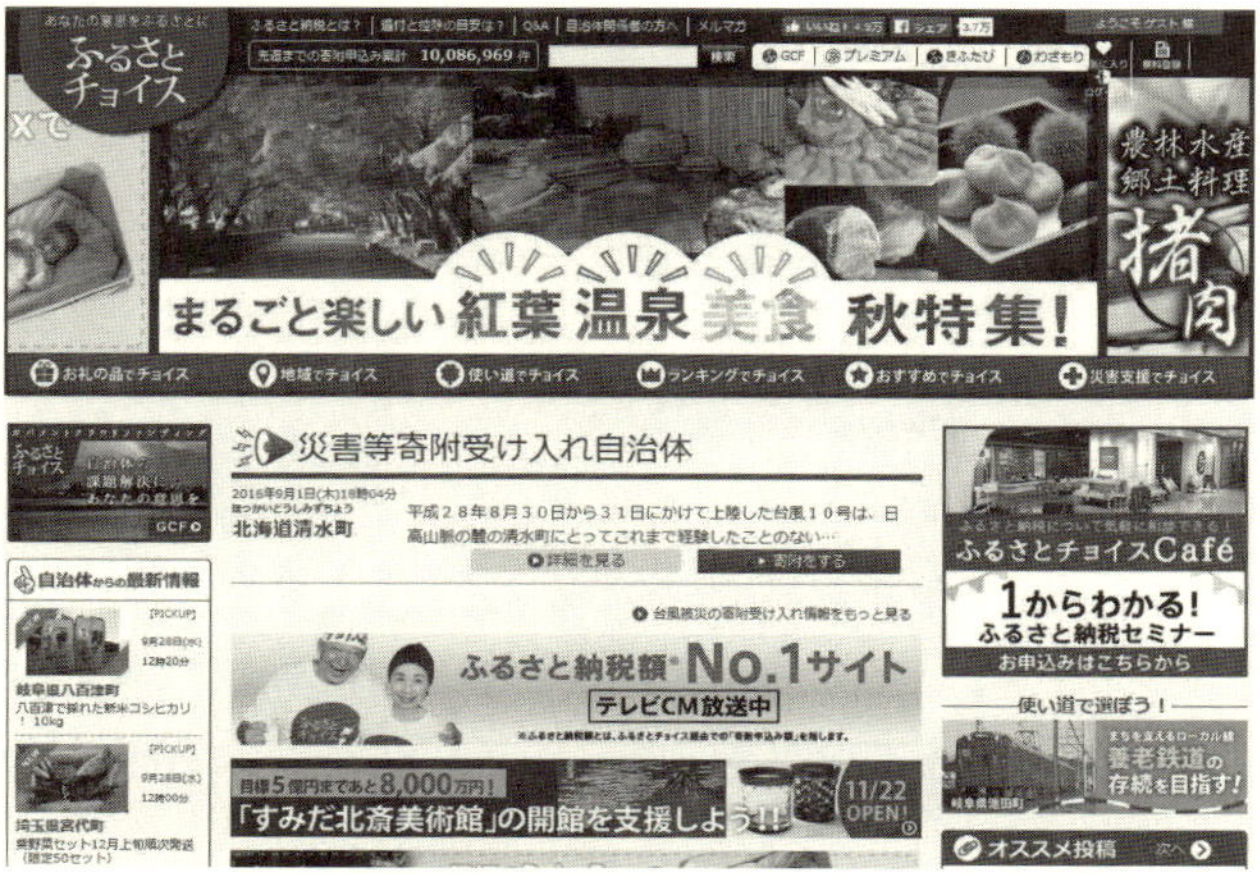

●ふるさと納税サイト「ふるさとチョイス」
(http://www.furusato-tax.jp/)

特例控除額の上限が個人住民税所得割額の約1割から約2割に拡充（控除限度額が単純に2倍になるということではありません）。

もう一点は、もともと確定申告不要な給与所得者等の場合、寄附先が5団体までであれば確定申告不要となりました。ただし、確定申告に代わる申請書を寄附先自治体へそれぞれ郵送する必要があります。

私がいつも利用するサイト、「ふるさとチョイス」にも、「ふるさと納税とは?」から入っていただくと詳しく説明されています。

ポイントが貯まるサイトもあるのですが、いかんせん情報が少なすぎます。

いくらポイントが貯まっても、品ぞろえ自体が少なくては意味がありませんので、掲載自治体の多いサイトから選ぶのがよいと思います。

「ふるさとチョイス」からは、自治体の最新情報RSSの情報を毎日受信することができます。私はこれを自分のメールアドレス宛に届くように設定してあり、ほぼ毎日目を通すのですが、膨大な量なので、全て見るにはかなりの覚悟

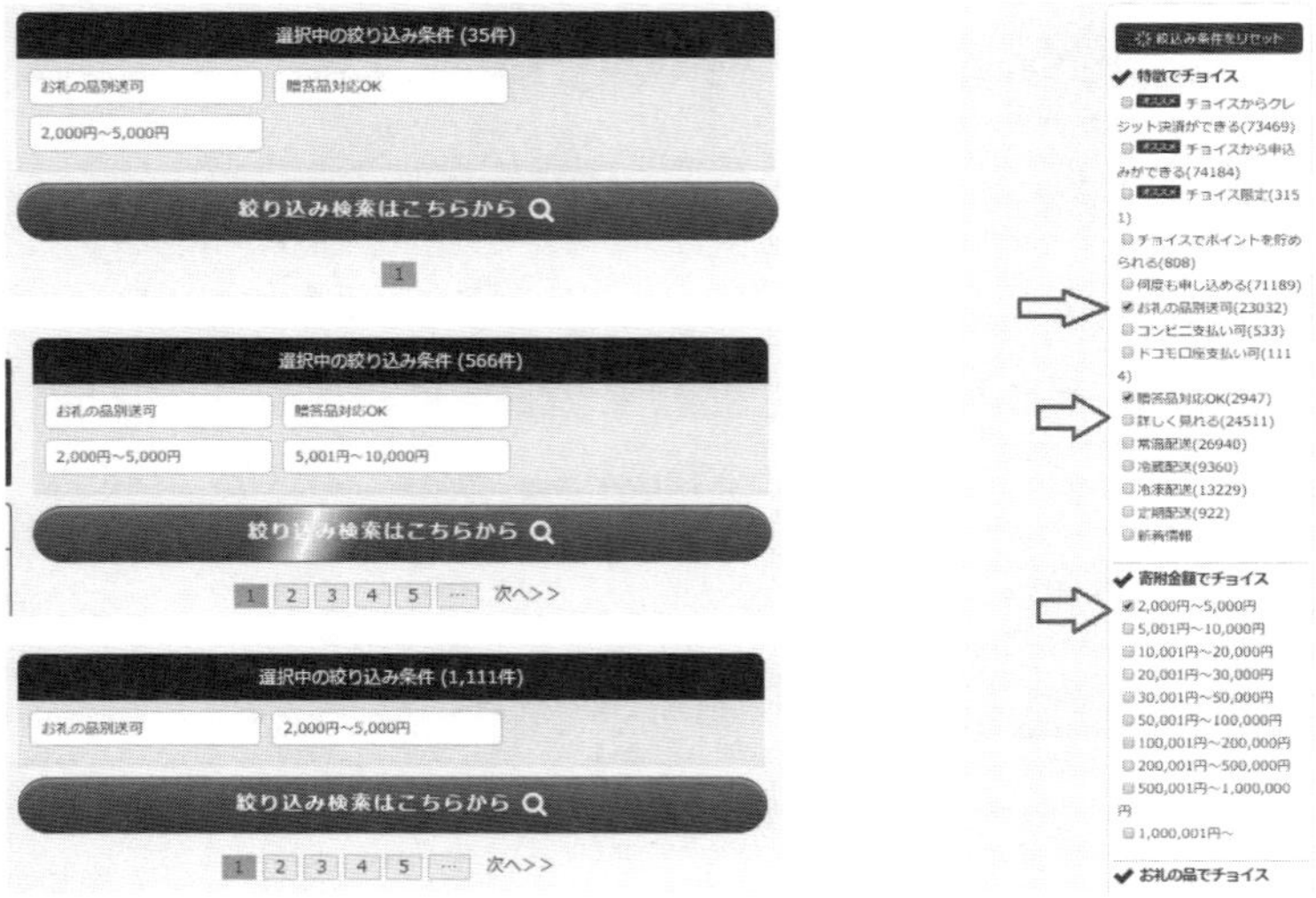

が必要です。

そこまでしなくても、「贈答品用」ということであれば、サイトの左端にある、「絞り込み条件」にチェックを入れることで検索できます。

例えば、「別送可能」なお礼の品だけだと２万点以上ありますが、のしやギフト包などの「贈答品対応ＯＫ」だと３０００点弱になります。

さらに、寄付金額、例えば５０００円以下となると35点、１万円以下だと５６６点、５千円以下で贈答品対応はできないけれど別送可なら１１１１点といろんな選択が可能です（２０１６年７月時点）。

私は不動産賃貸業でお世話になっている職人さんや管理会社の担当さんへお中元やお歳暮の時期にふるさと納税ギフトを送るのですが、過去お送りして好評だったのはこちらです。

この写真のオリジナルメッセージには、１本には職人さんの法人名とお名前、もう１本には「商売繁盛」と大きく

●業者さんに好評な「ふるさと納税」贈答品

・秋田県　湯沢町　美酒爛漫五撰（特選グラス付）
寄付金額５千円、別送可、ギフト対応無

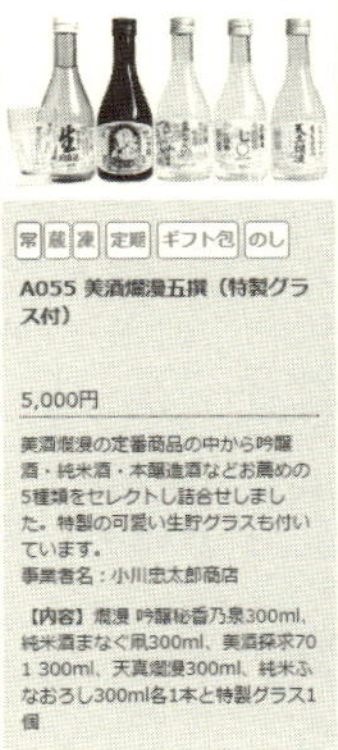

・山形県　尾花沢市　ストレートジュース・すいかサイダーセット（全16本入）
寄付金額５千円、別送可、ギフト対応無

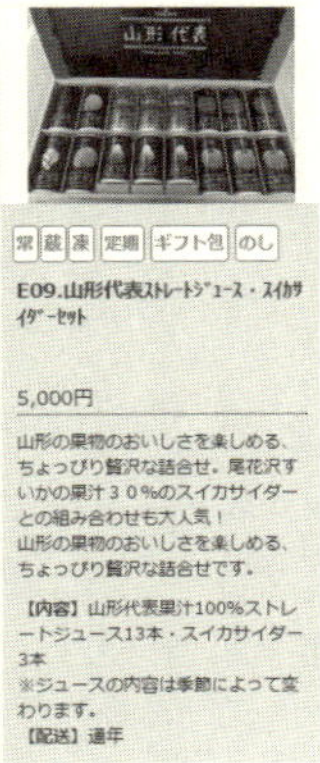

・長崎県　佐世保市　オリジナルメッセージラベル焼酎１升瓶×２本セット
寄付１万円、別送可、ギフト対応可
長崎県佐世保市〝きらっ都〟佐世保応援寄付金
（http://sasebo-furusato.com/）

・香川県　三木町　国際豚肉スライス４ｋｇ
寄付金額１万円、別送可、ギフト対応無

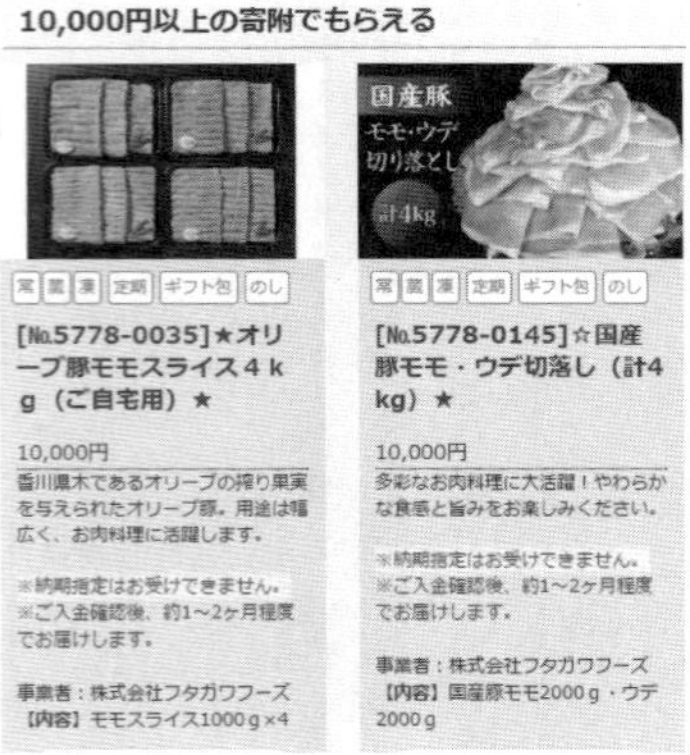

書いてもらって贈りました。たいそう喜んでいただきました。

こちらは、父の日用に実家に送った大量の肉。

実父に、父の日の贈答に何が欲しいか聞いたところ、「肉！」という端的な答えが返ってきたため、量重視でチョイス。１万円に対する返礼品で豚肉４ｋｇはかなり多い方です。

実家には家族を始め、親戚もたくさんいるため、みなにおすそわけできることを考えると量は多ければ多いほどいいのです。

聞けば、申し込み後２週間くらいで到着したらしく、味もＧＯＯＤだったと聞きましたので、量重視の方にはいいのではないでしょうか。もちろん、食べ盛りのお子さんがたくさんいるご家庭なら、自宅用にもオススメです。

お礼の品は品切れ等の理由により変更になる場合がよくあります。ここで紹介した自治体は全て私がお中元を発送した２０１６年７月時点の情報となりますので、ご利用の場合はご自身で最新情報をお調べください。

第4章

ミスプライスを探せ！「火の玉式不動産投資術」

第4章は、本書のメインテーマでもある、火の玉式不動産投資術です。

1章で私の不動産投資歴をお伝えしましたが、この4章ではもう少し踏み込んだ不動産投資のノウハウについてお話していきます。

一口に不動産投資といっても、その手法には様々なものがあります。その投資家がどんなゴールを求めているのか。また、年齢や貯金、配偶者の協力から、性格や度量も含めて、それこそ選択肢は無数にあります。

これから私がお伝えすることも「これが絶対!」ということではなく、あくまで一投資家である火の玉ガール式の不動産投資術です。

先輩投資家の凄腕テクニックとは比べ物になりませんが、ワーキング子育て主婦にもできた不動産投資術です。ヤル気さえあれば、誰にでもできる手法だと思いますので、ぜひ参考にしていただけたらと思います。

不動産投資は自己資金を活かせる最良の手段

今年6月24日、為替と株式市場では今年最大のサプライズのため、相場が急落しました。言わずと知れたＢＲＥＸＩＴ・英国ＥＵ離脱問題です。

「いくらなんでも離脱派が勝つわけないだろう」という市場の予想をひっくり返したインパクトは相当大きく、たった1日で日経平均株価も4桁を超える下落幅でした。

株価が下落した株の中には、ＥＵ離脱とまったく何の関係もない銘柄も多く含まれ、後から見ればこのときは絶好の買い場だったにちがいありません。

その証拠にその後3週間足らずでニューヨークダウ終値は史上最高値を更新しています。

日本株もニューヨークダウに連動することが多く、このころの日経平均は連日前日終値を更新していました。

何が言いたいかと申しますと、どんなに調べても市場のサプライズは事前に予測することがほぼ不可能ということです。

そして、一度そういうことが起れば壊滅的なダメージを受けるということです。もちろん、ちょっとくらい株価が下がったところで含み損が多少増えるだけで大した傷を受けない程度の規模なら、また市場が回復するまで気長に待てばよいのですが（私くらいのレベルならそうです）、不動産投資並みにレバレッジをきかせてけっこうな金額で信用取引をやっている場合はそうも言っていられません。ある一定以上値下がりすれば、追証（おいしょう）が発生するからです。

その点、不動産では株式や為替ほど値動きが激しくなく、また価値が実際に下がってしまったとしても、不動産は相対取引で、2つとして同じ物は存在しません。売主と買主が双方納得すればそれが成立価格になります。

つまり、実際に売り出してみないと、損得は確定しないのです。あまりにも、市場とかけ離れた価格では成立はしませんが、工夫してずっと持ち続けていれば家賃という名のインカムゲイン（株でいうところの配当）が入りますので、市場が回復するまで家賃をもらいながら待つ、ということも選択できます。

この「2つとして同じ物がない相対取引」というのが不動産の最も大きい利点だと考えています。

どんな土地、建物でも所有者が必ずいます。やり方・考え方・その人のいるステージによって、どんな物件であっても勝てる可能性がある、広い意味では正解も間違いもない、という懐の深さが不動産投資の最大の魅力ではないかと思います。

私が最初に不動産投資の勉強を始めたとき、メンターである束田先生に教えてもらったのは「なるべく自己資金を使わず、ローンを使って中古区分マンションから始める」という、手法でした。

そのメンター自身がこのやり方で規模を拡大しており、サラリーマンも卒業している投資家でしたので、実際の交渉の仕方や運営方法等々、具体的な手法を手取り足取り教えていただきました。

そして、ほとんど教えてもらった通りの探し方で見つけて来て交渉し、ローンを引いて購入しました。

今考えると、このメンターは中古区分を売り買いしながら規模を拡大、というかなり手間のかかる手法を10年以上も続けており、尊敬に値するマメさだと思います。

普通は区分を何戸も連続して買うなんて、面倒なのでやめたくなると思うのですが、この方は個人版『スター・マイカ（３２３０）』とでも申しますか、買い、リフォーム、客付け、売り、とかなり上手にこなしておられました。

ご存じのない方のために説明しますと、スターマイカは区分マンションを買取再販して上場している会社です。

その手法の特徴は、空室物件よりも競合（買い手）が少ないオーナーチェンジ物件を取得し、保有中は家賃収入を得、退去後はリノベーションにより中古マンションを新たな住まいに生まれ変わらせ、住宅購入希望者に提供する、というものです。

買取、賃貸管理、コンサルティング（金融及び不動産投資）、リノベーション、仲介、といった不動産投資にまつわる事業を多角的に展開することによって成長しています。


不動産投資を始めたばかりのころ、土地付の物件を買うのが怖くて、建物部分しか考えなくていい中古区分は自分にはハードルが低く、始めるにはもってこいでした。

その後、やっていくうちにどんどんメンタルブロックが外れていき、中古区分（単身）→中古区分（ファミリー）→戸建て→戸建て付アパート（2戸）→アパート（4戸）と、少しずつ規模を大きくしていくことができました。


面白いことに規模は拡大していったのですが、購入価格はどんどん下がっていきま

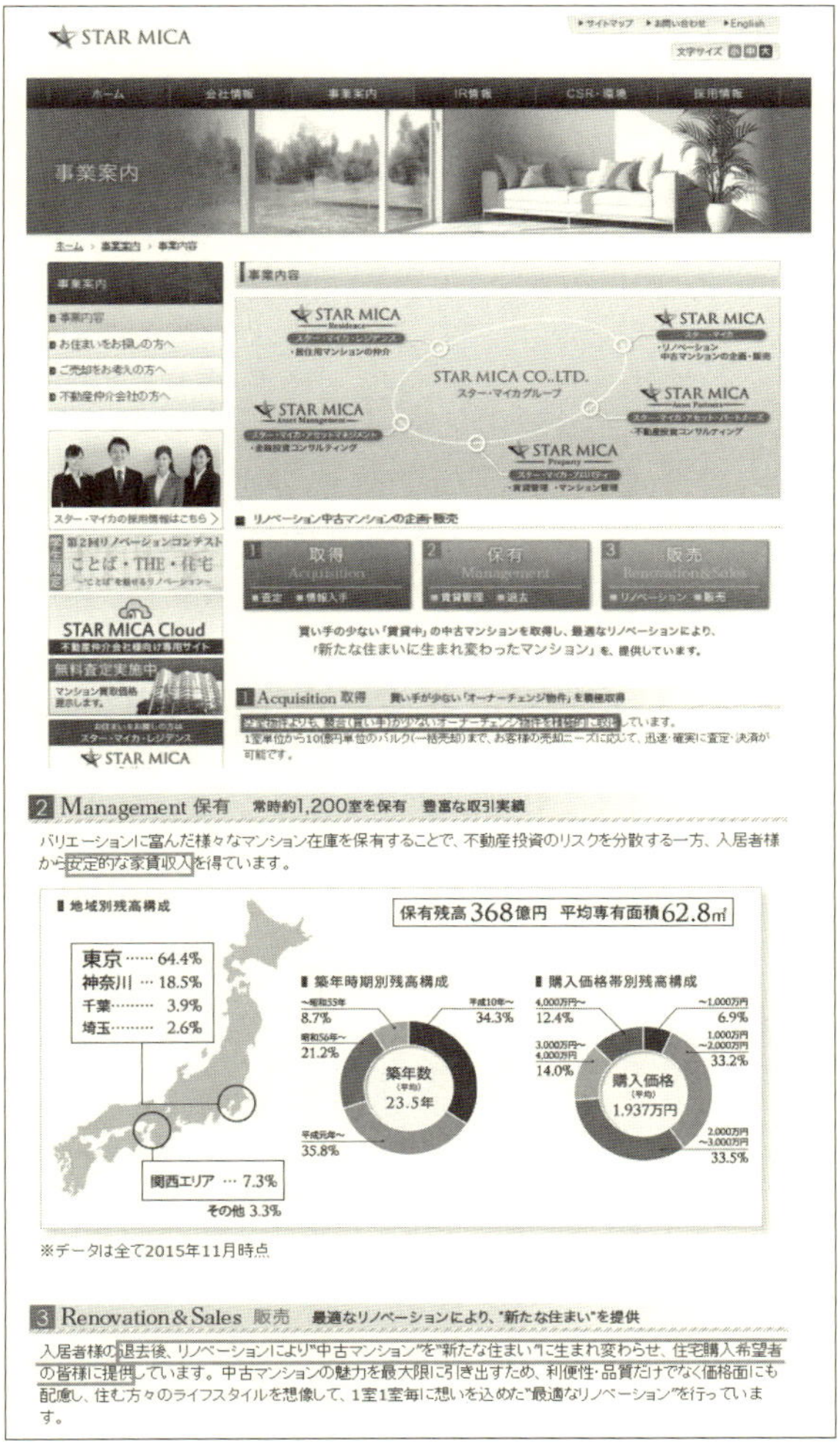

●スター・マイカ株式会社（https://www.starmica.co.jp/）

した。このあたりは第1章で詳しく記載しています。

やはり、今思ってもはじめの1軒を買うまでが一番時間を使ったし、勇気も必要だったと思います。


不動産投資は金額も少なくはないので、全額現金購入以外の方は、やはりローンを組むのが一般的だと思います。

脱サラして、飲食業を開業したりする方も少なからずいらっしゃいますが、参入障壁が低い代わりに競争が激しく、2年以内に半分が潰れ、10年生き残れるのは1割のみ、とはよく耳にする話ではないでしょうか。

そこまでいかないとしても、融資から見る銀行の貸し倒れ率は、一般企業で約2％程度、不動産賃貸業だと0・2％だとも言われています。

また、他の事業と比べてサラリーマンを続けながら始めることができる（むしろ、サラリーマンをやりながらの方が融資条件がよい）不動産賃貸業は、「失敗する確率」でいえば、かなり安全な部類に入る事業ではないかと思います。

だからといって、まったく何の知識も持たず、勉強もせず、自己資金もなく、サラリーマンの属性をめいいっぱい使っていきなりフルローン・オーバーローンを組んで巨漢物件を買うやり方は、私はオススメしません。

ただ、先ほども申し上げました通り、どんなやり方であっても成功する可能性はありますので、もしそちらにご興味がある場合、この本はお役に立てないかもしれません。

失敗する確率が限りなく低い、安全な不動産投資について知りたい、ぜひとも学びたい！　という方はどうぞ読み進めてください。

どのような基準で物件を選ぶのか？

それでは、「どのような基準で物件を選ぶのか？」についてお話したいと思います。

まず、大事なことは「とにかく安く買う」ことです。

不動産投資の成功の可否は入口（購入時）で80％決まる、とはよく言われることですが、初心者が失敗しないためには、まずここが重要ではないかと考えます。

上級者になればなるほど、自分で付加価値を上げて家賃を上げたり、売り方に工夫をして高く売却したり、いろんな技が身についてくるのですけれども、海千山千の不動産業界、つわもの相手の競争はどうしても「中身で勝負」より「値段（家賃）で勝負」になりがちです。

もちろん、家賃を下げずに高値商売を貫ければそれが一番いいのですが、そうも言っていられない場合もあります。

そんなとき、大事になってくるのが購入価格です。


中古物件を安く買うことの一番いい点は「どんなに安く買ったとしても商品の価値は変わらない」ことです。

これがもし新築だったら、素人には分からない、目に見えない部分でダウングレードされるかもしれませんし、手抜き工事も心配です。

ですが、中古物件の場合はすでに建物は出来上がっていて、値切ったからと言って建物を傷つけられるわけでもありませんので、そこは交渉し甲斐があると思います。

「リフォームしないでいいから安くして」「○○をこちらで負担するので安くして」などの交渉はもちろんアリです。その場合、いかにしてリフォーム・○○を安く上げるか、が腕の見せ所となります。

もちろん「安い」といっても限界がありますので、どのくらいの価格の物件なら「安い」と判断するかというと、一言で言うなら「買った翌日に再販売したとしても、買った値段よりも高く売れる」物件です。

それが難しければ、再生必須の築古ボロで「リフォームして満室にすれば、購入価格とかかった費用の合計額よりも高く売れる」を基準に考えてもよいかと思います。

ただ、後者は安くリフォームできる人脈と満室にするまでの手間暇・時間が必要ですので、より上級者向けと言えるでしょう。

「買った値段よりも高く売れる」物件ならなんでもいいか、というともちろんそうではありません。

どんな価格帯の物件を狙えばいいのかは「買う人のリスク許容度に応じて、最初の物件を購入する」が正解です。

不動産は安い買い物ではありませんので、たいていの人がローンを組んで購入することになると思います。

そのローン返済額がいくらまでなら「精神的に耐えられるか？」を考えて購入額をシミュレーションすれば、大体自分のリスク許容度が分かると思います。

それは人によって３００万円かもしれませんし、３０００万円の人もいれば、３億円の人もいると思います。

私は大変な小心者で、ご多聞にもれず、「借金は悪！」と教えられて育った世代なので、ローンを組む（＝借金をする）こと自体がとてもストレスで、最初は全額現金で買おうかと悩みました。

それが、最初に習ったメンターが「できるだけローンを使う」派だったため、そのやり方と進め方を十分に研究して、「自分の手持ち資金以下のローンなら、万が一返済に窮してもいつでも返せる！」と思い立って、当時蓄えていた貯金額以下で買える物件からスタートすることにしました。

このあたりは、まず「自分が将来的にどうなりたいか」というゴールを設定し、「何年でどんな規模までいきたいか」から逆算して、購入するべき物件を決める、というのが王道だと思います。

サラリーマンセミリタイアを目指して不動産投資を始める方も、特に男性の場合は多いと思いますが、その意味ではこの本は少し違います。

「共働きで仕事も家事もフル稼働しながら、安全に資産を増やし、豊かで幸せな家庭を目指して」いきますので、金額の大きい一棟ものをローンを引いてどんどん買い増す手法ではありません。

失敗のリスクを最小限にするには、あまりにもベタですけれど、「不動産の勉強をして知識を身につける」と「自己資金をためる」ことが必須です。

先の章でも紹介させていただきましたが、とにかく「無知は高くつく！」のです。安く買う者がいる、ということはその先には安く売る人がいるのです。もちろん両者納得してその価格で成立しているわけですから、何の問題もありませんが、この本を手に取ったみなさんには、少しでも安く買い、そして売るときには少しでも高く売ってほしいと思っています。

そして、勝負に勝つにはルールを熟知していることが必須です。

不動産投資を始める、ということは不動産業界という、古くからその世界を牛耳っているやり手の主たちがうようよいるマネーゲームの世界に自ら飛び込む行為なのですから、できれば互角にやりあえるくらいの自信がつくまでは学習してほしいと思います。

勉強のために1〜2年くらい買うのが遅くなっても、その後いくらでも取り戻せますので、心配はご無用です。

また、最初に買いたい物件と同じ金額くらいの自己資金（頭金ではありません）は自力でためる、がより安全な投資への第一歩です。

もちろん、生活資金や5年以内に必要になると考えられる貯金には手を付けてはいけません。

私の持論ですが、「ラクして儲かる事業」は世の中にはありません。あったとしたらそれはよほどの幸運か詐欺です。

必死で自己資金をためる・・・というその努力が不動産賃貸業を始めた後々にも、経費削減のための工夫として生きてくるはずです。今手持ちがないという人はまず預金残高を増やしてください。

少額物件であっても融資を使うのがポイント

「とにかく安く買う」をモットーに、単身区分→ファミリー区分→戸建→アパート（2戸→4戸）と買い進めていきましたが、この中で現金購入しているのは最後の4戸アパートだけです。

不動産投資を開始する時点で貯金は1000万円ありましたが、メンターの教えに従い、「借りられるものなら借りる」のスタンスで自己資金はできるだけ温存して、ローンを活用しています。

というのも、いくら節約生活をしても、自己資金は有限です。

たとえフルローンが受けられたとしても、諸費用がかかりますし、物件を取得した後に修繕が発生するなど、常に出費の可能性があります。

物件を買い進めるためには、そういった出費に備えて現金を残しておくことが大事なのです。

☆賢い融資の使い方①　～できるだけレバレッジをかける～

中には「ローン（借金）は怖いので全て現金買いをしたい」という方もいらっしゃると思います。

よーく理解できます。実際、私も借金が大嫌いでして、購入前まで同じ考えでした。

しかし、考えてもみてください。

仮に、自己資金５００万円で、３００万円の戸建を買い、２００万円でその他諸経費・修繕費などを払ったら手元に資金がまったく残りません。

仮に家賃が５５０００円だとして、全額回収するまで７年以上かかります（途中で修繕が一度も発生せず、退去もないと仮定して）。

その間は自分の出したお金を回収しているだけなので、本当に投資と言えるのは「自己資金を回収し終わった後から」になります。

築古物件なら、所有期間中に修繕が発生するのはほぼ確実だし、何かあったとき現金がなければ対応できません。また、融資のつかないお買い得物件が出てきた場合も、現金がなければもちろん購入できません。

いざという決戦に備えて、できるだけ手持ち資金は厚くしておき、ローンが付く物件は借入を利用して購入すれば、買い増しスピードの点からも、何かあったときのための予備としても安心なのです。


では、一体どんな融資を使うのか。私の場合は、日本政策金融公庫がほとんどです。日本政策金融公庫は、１００％政府出資の政策金融機関です。前身は、国民生活金融公庫、農林漁業金融公庫、中小企業金融公庫で、収益物件へ融資するのは、旧国民生活金融公庫の事業です。

沖縄県を除く46都道府県を営業エリアとしていますので、全国どこでも利用することができます。

また、一般的な金融機関にありがちな「年収○○万円以上でないとダメ」という制限もありません。

公庫は、「不動産投資」には融資しませんが、「不動産賃貸業」になら、融資がつきますので、特に始めたばかりの女性には優しい金融機関です。

元金均等返済・固定金利、というのも初心者には安心です（希望すれば元金均等返済も選べます）。

ただし、注意しなければいけないのは、返済期間が基本10年と短いため、自己資金を入れないとキャッシュフローがマイナスになってしまう恐れがあります。

女性やシニアであれば、「女性、若者／シニア起業家支援資金」が利用できます。

この場合、最長15年（20年もあるようですが、私の場合最大15年でした）までいけますが、それでも他の不動産へ融資する金融機関や一般的な住宅ローンに比べれば短いです。

ただし、私の買っているのはＲＣ区分マンションで築約30年（法定耐用年数47年）、木造で築30～40年越え（法定耐用年数22年）という築古ばかりですので、この古さで15年も貸してくれるなら十分とも言えます。

法定耐用年数というのは国が定めた建物の耐用年数で、構造ごとに決められていま

日本政策金融公庫　○English　○サイトマップ　○よくあるご質問　文字サイズ切換 小 中 大　検索

日本公庫について　融資のご案内　店舗案内　お問合わせ先

ホーム > 融資のご案内 > 融資制度一覧から探す > 女性、若者／シニア起業家支援資金

女性、若者／シニア起業家支援資金

○国民生活事業　○中小企業事業

「女性、若者／シニア起業家支援資金（新企業育成貸付）」などのご融資を通じて、事業開始後おおむね7年以内の女性の方、30歳未満か55歳以上の方のお手伝いをさせていただいております。

詳しくは、支店の窓口までお問い合わせください。

女性、若者／シニア起業家支援資金の概要

ご利用いただける方	女性または30歳未満か55歳以上の方であって、 新たに事業を始める方や事業開始後おおむね7年以内の方	
資金の使いみち	新たに事業を始めるため、または事業開始後に必要とする資金	
融資限度額	7,200万円（うち運転資金4,800万円）	
利率（年）	○運転資金及び設備資金（土地取得資金を除きます。）［特利A］ ○技術・ノウハウ等に新規性がみられる方（注）の運転資金及び設備資金（土地取得資金を除きます。）［特利C］ ○土地取得資金［基準利率］	
ご返済期間	設備資金	15年以内（特に必要な場合は20年以内）<うち据置期間2年以内>
	運転資金	5年以内（特に必要な場合は7年以内）<うち据置期間1年以内>
担保・保証人	お客さまのご希望を伺いながらご相談させていただきます。	

（注）一定の要件を満たす必要があります。詳しくは、支店の窓口までお問い合わせください。

融資のご案内
○融資のご案内
○融資制度一覧から探す
○創業お役立ち情報（創業者の方へ）
○就農お役立ち情報（就農者の方へ）
○経営お役立ち情報（経営者の方へ）
○海外展開お役立ち情報
○ソーシャルビジネスお役立ち情報
○災害相談窓口
○手続きの流れについて

●日本政策金融公庫（https://www.jfc.go.jp/）

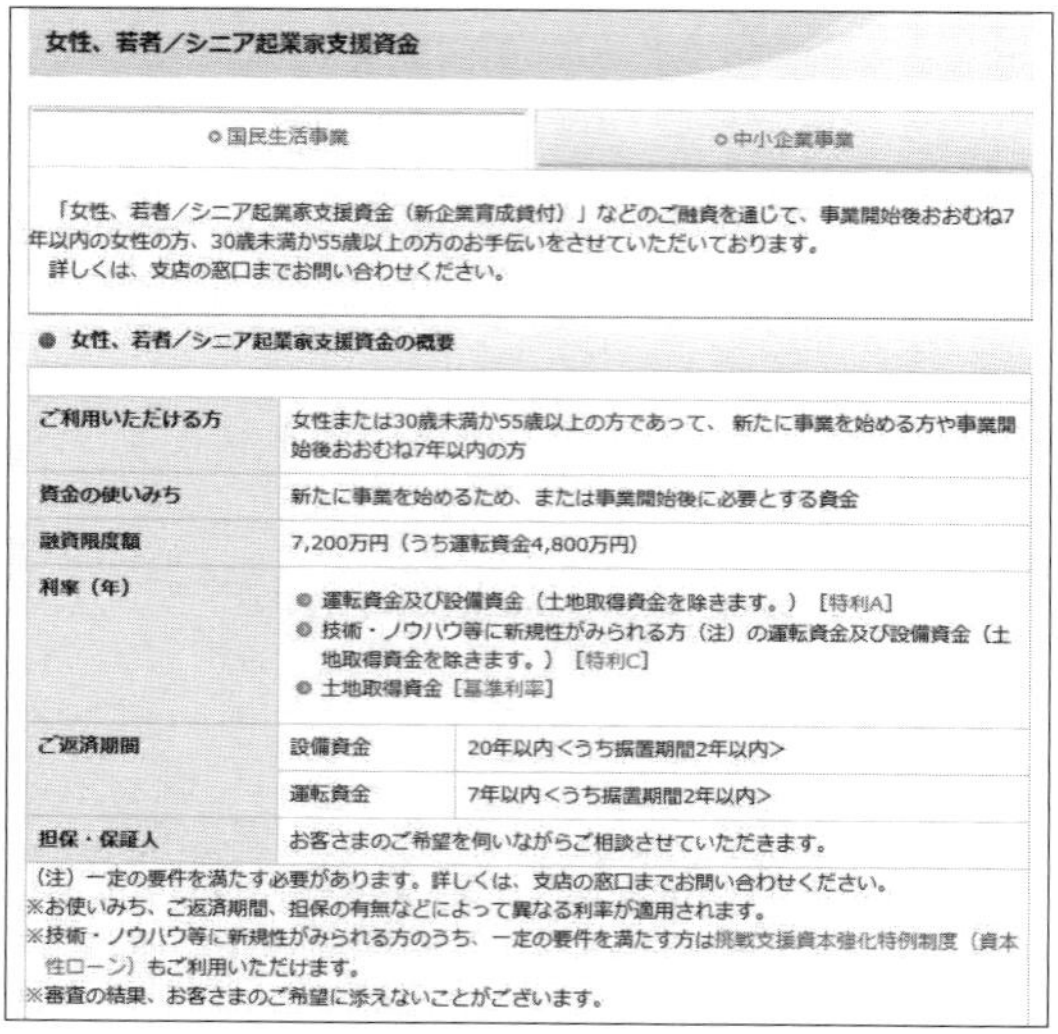
女性、若者／シニア起業家支援資金

○国民生活事業　○中小企業事業

「女性、若者／シニア起業家支援資金（新企業育成貸付）」などのご融資を通じて、事業開始後おおむね7年以内の女性の方、30歳未満か55歳以上の方のお手伝いをさせていただいております。

詳しくは、支店の窓口までお問い合わせください。

● 女性、若者／シニア起業家支援資金の概要

ご利用いただける方	女性または30歳未満か55歳以上の方であって、 新たに事業を始める方や事業開始後おおむね7年以内の方	
資金の使いみち	新たに事業を始めるため、または事業開始後に必要とする資金	
融資限度額	7,200万円（うち運転資金4,800万円）	
利率（年）	●運転資金及び設備資金（土地取得資金を除きます。）［特利A］ ●技術・ノウハウ等に新規性がみられる方（注）の運転資金及び設備資金（土地取得資金を除きます。）［特利C］ ●土地取得資金［基準利率］	
ご返済期間	設備資金	20年以内<うち据置期間2年以内>
	運転資金	7年以内<うち据置期間2年以内>
担保・保証人	お客さまのご希望を伺いながらご相談させていただきます。	

（注）一定の要件を満たす必要があります。詳しくは、支店の窓口までお問い合わせください。
※お使いみち、ご返済期間、担保の有無などによって異なる利率が適用されます。
※技術・ノウハウ等に新規性がみられる方のうち、一定の要件を満たす方は挑戦支援資本強化特例制度（資本性ローン）もご利用いただけます。
※審査の結果、お客さまのご希望に添えないことがございます。

●女性、若者／シニア起業家支援資
(https://www.jfc.go.jp/n/finance/search/02_zyoseikigyouka_m.html)

すが、金融機関はこれに準じて融資を出しますので、耐用年数が残り少ない物件、超えた物件に対しては長期の融資を出しません。そのため耐用年数越えの木造の場合は、土地を担保にして借りています。

なお1号物件は無担保枠で、3号物件は土地を担保に購入しています。

また、今でこそ公庫は保証人を付けなくても大丈夫ですが、私は2013年に「保証人は付けられますか？」と聞かれました。

2013年の購入時には「いる方が望ましい」と言われ、義父に保証人になってもらいました。

しかし、2014年3月に3号物件を購入したときには保証人なしですから、おそらくここが転機で金融庁のお達しがあったものと思われます。金融庁の方針で保証人を入れなくてもいい流れは、おそらく2013年の終わりくらいからです。

このように日本政策金融公庫は政府系の金融機関ですが、条件はつねに一律ではありません。その時々でその支店、その担当者によっても変わります。また、投資家の属性や実績、物件によっても変わります。

これは金融機関全体に言えることで、たとえ先輩投資家が「○○銀行の△△支店で融資期間20年で金利1％で借りられたから、紹介してあげるよ」と言われても、同じ条件の融資が受けられるとは限りません。

自身がどのような融資を受けられるのか、またどういう物件に対して融資が出るのかは、その都度しっかり調べる必要があります。

☆賢い融資の使い方②　～安く購入することと融資を利用することは両立できる～

銀行評価と購入価格は違います。

収益性のいいものは築古、再建築不可、借地権、など銀行評価が出にくいために価格が安くて高利回り。銀行評価が伸びる物件については、最近は特に収益性は悪くなってしまいがちです。

「安く買う」ことと「できるだけローンを利用する」ことは一見矛盾するようにも思えますが、両立は可能です。

さすがに再建築不可、建蔽率・容積率オーバー等の違法物件は引けませんが、築30年の区分と木造戸建て、どちらも公庫でほぼフルローンが付きましたので、あきらめずにまずは金融機関の担当さんと仲良くなって、物件資料を持ち込んでみるといいのではないかと思います。

ただし、いくら高利回りでも価格が安い物件は往々にして家賃も安いので、区分や戸建てなどの一戸しかない物件では、返済後の手残りは１～３万円と少額です。お小遣い程度ならいいのですが、労働収入と同等、もしくは脱サラを目指す規模まででいきたいなら、このやり方では限界があります。

☆賢い融資の使い方③　～債務超過を避けて買い増やす～

もう一つ、ローンを使って区分を買う際の心配な点は「物件評価 ＜ 融資額」となり、買い増しするごとに信用毀損（しんようきそん）になる可能性が高いということです。つまり、債務超過（さいむちょうか）になりがちなのです。

債務超過というのは、債務者の負債の総額が資産の総額を超える状態を指します。資産をすべて売却しても、負債を返済しきれない状態であり、債務超過の投資家に対して融資する金融機関は基本的にありません。

区分マンションは土地の持ち分が少なく、ほとんど建物しか評価部分がなく、築古になればなるほど減価償却が進んでいき、最後はほぼゼロ評価、と言われることが多いのですが、区分でもちゃんと評価は出ます。

どのように評価するかは銀行によって違いますので、一概にいくら出る、とは言えませんが、私のメンターからも「600万円で買おうとした区分が800万円の評価が出た」というような話を聞いたことがあります。

そこそこの立地と築年数で入居者がきちんと付く区分を格安で買えれば（ここがポイント。割高で買っては意味がありません）、買い増していく場合の最大の敵「債務超過」も避けられるのでは、と考えています。

そして、どこかのタイミングで「融資の付かない（または買付殺到のスピード勝負の）超高利回り物件」を爆安（利回り目安30〜50％）で、これまでためてきた自己資金を使ってさくっと買い、再生して入居付けを全力でがんばれば、無担保・ローン無のキャッシュマシーンに早変わりです。

このようなドル箱はそのままではとても貸せない、全空あるいはそれに近い状態で放置されていることがほとんどですので、最初の一棟目としては難易度が高いです。

はじめはリフォームが少なくて済む、比較的状態の良い、そこそこ評価の出る小さめの物件を、ローンと現金を組み合わせながら少しずつ買い増していくと、それと同時に自分の大家スキルも増していきますので、リスクヘッジになるのではないかと考えています。

☆賢い融資の使い方④　～支出比率は５割以下で～

よく、返済（元金＋金利）の比率は家賃収入に対して４割程度が安心、と言われますが、私の場合は返済に加えて、管理費・修繕積立金（区分のみ）、管理手数料（平均５％。今は自主管理と管理会社の半々）、固定資産税、共用部光熱費（アパートのみ）等、必ずかかってくる固定費も全て含んだ支出の、満室想定家賃に対する割合が５割以下になっています。

最初はそこまで考えていたわけではなく、自己資金10％、返済期間が15年という条件もあって、返済比率が約６割とイケてない比率でしたが、その後買い増すにつれてだんだんと支出の占める割合を下げていき、今は４割ちょっとで落ち着いています。固定費全てを含んだ全支出の比率が家賃の半分程度であれば、半分が空室になっても耐えられる、ということですのでかなり安心です。

もちろん、努力して満室経営を目指すのが王道ですけれど、下手に家賃を安くして募集条件をゆるくして、あまりにも属性のよろしくない不良入居者を入れてしまったら、「滞納」という「空室」よりもやっかいな問題を抱えることにもなりかねません。

私は過去２人の滞納入居者にあたってしまったことがあります。退去してもらうのにたいそう苦労しました。

もちろん満室がいいに越したことはありませんが、どんなに努力をしても入らない時期というのもありますので、募集をしてくださる管理会社さんとよく相談して、将来の売却時の利回りも視野に入れてシビアに計算しながら、自分に負担がかからない程度にがんばればよいと思っています。

「なにがなんでも満室経営！」と目くじら立てなくてもやっていけるのは、全ては「安く買っているから」です。

返済比率は、一度元利均等でローンを組んでしまえば、途中で金利交渉や借り換えをしたり家賃の値上げをしない限り、下げることはできません。むしろ、長い返済期間の間に空室率が上がって家賃が下がり、返済比率は上がっていくのが一般的ではないでしょうか。

「ミスプライス」を狙えば、いつでも安く買うことができる

先ほどから「安く買うこと」が重要、と散々書いてきましたが、「では、どうやった

ら安く買うことができるのか？」について、持論を展開していきたいと思います。

まず、当たり前のことですが、不動産というものは同じものがふたつと存在しませんので、他の物件と全てを比較することはできません。出て来た物件情報を見て、お買い得かどうか、絶対評価で判断しないといけないのです。

不動産投資は昔から金持ちがやっている手法で、業界関係者も海千山千の猛者がウヨウヨいますので、真のお買い得物件を見つけるのは至難の業です。

「そこまでの知識はないけれど、やる気だけはある！」と言う人は、そのような世界でも勝つ方法があります。

それは、猛者たちができるだけ少ない、または上級者が狙わない物件をターゲットにして、ライバルの数を極力減らす方法です。

不動産はとにかく数も手法も多いので、あなたの欲しい物件を全員が全員欲しがっているわけではありません。

まずは購入前にできるだけたくさんの本を読み、セミナーに出るなどして基本的な知識を身に付けた後、自分が買いたい物件の購入条件を決めます。

私がまだ初心者だったころの条件は「乗降者数３万人以上の首都圏の駅から徒歩15分以内、40平米以上で５００万円以下」の区分か戸建てでした。

不動産投資上級者はそもそも区分マンションをあまり狙いませんので、ここでかなりライバルを減らせます。

そのうえでミスプライスを探していきます。簡単に見つかるものではありません。でも、川上情報がなくても物件購入は可能です。

ポイントは値付けが間違っている物件を見つけること。徳島の物件のように、正当な理由もなく、適当に値付けられている物件に狙いをつけています。

売却には様々な理由がありますが、ミスプライス物件の多くは地主さんの相続による売却です。

ダンナを見ればわかりますが、不動産に興味のない人にとって、引き継いだボロ戸建やボロアパートは「めんどくさいもの・いらないもの」なのです。

本来、物件の価格は不動産投資物件では収益性や銀行評価額、ボロ戸建てであれば土地の実勢価格など何らかの根拠に基づいて決められているものです。

ミスプライスとは、その名の通り、間違った値付けをされている物件のこと。物件の瑕疵や入居率などといった、根拠となる数値を一切無視して、マイナスの理由もなく安く売られている物件です。

そんなに都合が良い話があるものかと疑いたくもなりますが、ミスプライス物件が生まれるのには、それなりの理由があるのです。

・相続税の支払い、相続遺産の分割による売り急ぎ

・相続物件で継いだ相続人が物件の面倒をみきれず投げ売り

・仲介業者が不慣れで適正な価格がつけられない

そんなミスプライス物件を見つける方法は、ひたすら物件情報を見続けることです。

自分が狙っている地域に絞って、とにかくインターネット情報を検索します。情報を見続けていれば、その地域の相場がわかってくるものです。

そんな中で、ごくたまに「あれ、コレおかしくない!?」と思うようなヘンな値付けの物件を見つけることができます。大事なことは相場を無視した価格設定です。

コツは「絶対にある！」と思ってインターネットで情報を見続けること。これは、不動産投資が盛り上がっていようが、相場が高騰していようが、どんな世の中になろうと関係ありません。絶対にありますから。

前提となるのは、「世の中の相場が高いか安いか」は関係なく、「その物件が高いか安いか」です。

また自身が不動産投資において、どれくらいのリスクがとれるのかを決めておくのも重要です。

例えば、うちの場合は共働きですから、ダブルで収入があります。そこに不動産投資も加えてトリプルインカムが理想です。

今のところリタイヤは目指していませんし、ハイレバレッジをかけてスピードある投資を行う気持ちもありません。

現金をなるべく使わず融資を使っていきたいと思いますが、破綻しない金額までに抑えています。

購入する物件の価格が年収以下であれば、1年間必死で働いたらリカバリーできますよね。

また基本的に物理的に遠い場所も選択肢から外しています。徳島は遠方ですが、親も妹もいるし自分自身もよく知っているから購入しました。

千葉の物件が自分の住まいからドアトゥドアで約2時間なので、これが精一杯でしょうか。

自分でも思うのですが、私はリスク許容度が低いのだと思います。最悪、入居が決まらなくても破綻しない物件、空室があっても安心して眠れる物件、いってみれば、自分の手に負える物件だけを購入しているのです。

まとめると以下になります。

・年収以下で購入できる物件価格

・ひとつの物件で家賃６万円以上がとれる土地付の戸建か、築古アパート

・基本は再建築可能な所有権（ものすごく安ければ、再建築不可も検討）

・自宅から通える物件（実家のある徳島は別）

これは、あくまで私の基準であり、とれるリスクやかけられる予算によっても、基準は変わってきます。

いくらプライスミスを探すとはいえ、キレイで満室の築浅物件を激安価格で売っていることはまずありません。

だからといって高いから買えない・・・と諦めてしまっては次に進めません。ボロ

物件というリスクは引き受けても、予算内という基準を死守するところが、火の玉式の物件購入術です。

そうすれば、川上物件でなくても、インターネットに出まわっている情報を細かくチェックしているだけで必ずお買い得物件はあるはずです。

☆ミスプライスを探せ！① ～ミスプライス物件はどうして生まれるのか～

戦略的な交渉で、ちょっとお得な物件を、スーパーお買得物件にする術をお伝えしましたが、中には、最初からちょっとおかしいほど安く売り出している物件もあります。

私の所有物件でいえば、徳島の4号物件にあたります。

なにせ戸建てで売り出しているのに、キレイなアパートがくっついているのです。

こんなおかしな話はありません。

世の中の全ての人が収益物件を「高く売りたい！」と思っているわけではありません。手間をかければお宝物件になると分かっていても、その手間と時間をかけたくない、かけられないために、一番手っ取り早く現金が欲しいと考える人はたくさんいます。

収益価格、銀行評価額、土地値、実勢価格など一切無視して安く値付けされる原因は、売主側と仲介業者側の2つがあるのです。

●安く値付けされる原因
【売主側】相続人が相続物件の面倒を見切れず投げ売り。または相続税の支払いや遺産分割による売り急ぎ。

【仲介業者側】業者に土地勘がなく、不慣れなため適正な価格が分からずにうっかり値付けミスをする。または、売主の希望価格を精査せず、そのまま市場に出してしまう。

物件価格があり得ないくらい安くなるのは、この2つが重なったときです。

「そんな物件そうそうあるわけない」と思ったそこのあなたは正しいです。

そうです、このような物件はめったにありません。しかし、全くないわけではなく、1000件に3件くらいは確実に存在します。

不動産は「千三つ」の世界ですから、それに巡り会うまで根気よく探し続けることが、儲かる物件を手に入れるコツではないかと思います。

所有する全物件を、川上情報ではなく、ネット検索から見つけた私が言うのですから、間違いありません。

☆ミスプライスを探せ！②
～いくらでもいいから売りたい・・・そんな売主は実在する～

日本テレビ系の『家売るオンナ』というドラマをご存じでしょうか。２０１６年7月13日から２０１６年9月14日まで、日本テレビ系「水曜ドラマ」枠で放送されたテレビドラマで、北川景子が主演していました。

先日に放映されたエピソードの中で、業者さんがある家を訪問して査定しました。家をパッパッパッパッと見て、「住宅はかなり年数が経っており、残念ながらほぼ価格はありません。家は解体し、更地にした方が買い手はつきやすいと思います。土地のみ、これくらいでいかがでしょうか」そうアドバイスするのです。すると、それを受けた売主さんが投げやりに「いくらでもいいです」と答えていました。

私はそのドラマを視たとき、「ああ、私が買ってきた物件の売主さんってこれなんだ・・・」と感慨に耽りました。

ドラマでは売主さんは続けてこういいました。

「いくらでもいいですので、はやく売ってください。ついでに、私が一人で暮らすマンションも見つけていただけないでしょうか」と、全く今の家に未練もない様子。

こういった売主さんのケースは、「とにかく手放したい」わけです。土地値がいくらなど自分で調べたりしません。業者が「いくらで売ります（買います）」と告げたら、「いいです、それで」そのような感じです。

あのドラマは売主の心理を突いていると感動しました。売値が「いくらでもいい」と思う人が確かにいるのです。

☆ミスプライスを探せ！③　～たくさんの情報から物件を探すためのノウハウ～

私のケースでは、『athome』というサイトで東京・神奈川・千葉・埼玉の1都3県、1エリアにつき500戸で、500戸×4県で2000件を日々チェックしていました。

この作業を毎日実行しましたが、それでも時間的には30分くらいです。なぜなら、私が望む条件を入れると、数が多いこともあり各県から500件ずつ出てくるのです。

それを価格の安い順に見ていくのです。この単調な検索を飽きもせずに来る日も来る日もやるものですから見るスピードがとても早くなるのです。

毎日見ているので、新しい物件が出てくると瞬時にわかるようになりました。

そうすると「新着物件だけをチェックしていればいいじゃない？」とも言われるのですが、値下がった物件は、以前から長々と紹介されていた物件の値段が下がっただけですから、新着扱いはされません。
そのため、全物件を繰り返し見ていきます。

また、その条件を、一般の方がマイホームを探す実需向けポータルサイト（Yahoo!不動産、athome、ホームズ、スーモなど）や、投資家向けサイト（健美家、楽待、不動産連合体など）に登録してメール配信を設定します。

他にも、マイホームを中心に取り扱う大手不動産会社複数社のホームページや、投資物件を専門に取り扱う大手会社の自社サイトも定期的にチェックします。

毎日山のように送られてくるメールとサイト検索を、1通（1ページ）1秒でもいいので、さっと目を通すことを習慣にしていると、「これは！」と思う物件は、見た瞬間に分かるようになります。

私は本を読むのが速いタイプで、往復の通勤時間もあれば1冊くらい読了します。それと同じでホームページを見るのも速いのです。

あらかじめ検索条件をすべて入れて、見たいサイトがトップページになるようブックマークしてあります。この方法もメンターである束田先生に教わりました。

頻繁に見るサイトパソコンが立ち上がると同時に、その画面も立ち上がるように設定しておくわけです。

また、物件検索をしていると、広告でも不動産情報が出てくることがあります。つい、目移りしてしまいがちですが、私には一切目に入りません。「自分が欲しい条件」に合致していなければ見る価値はありませんから。

これは買い物も同じです。あらかじめ買いたいものを決めて行くから、ウィンドウショッピングなど一切しません。

何が必要なのか、事前にメモをしてから買い物に出かけます。そのメモを見ながら買いますから、それ以外のものはカートに入れません。

これと同じで、物件も欲しい条件が最初に決まっていて、「これを探す！」と頭に叩き込みながら探すのです。

まずは、「見た瞬間にお買い得かどうか分かる」ようになるまでは、ひたすら物件情報を見続けることをオススメします。

競合しない&交渉しやすい物件探しの極意

また、そこそこ安い物件を、交渉によって激安物件にすることも可能です。そういった物件を探すためには、なるべく他の投資家さんと競合しない、かつ、交渉のしやすい物件を探していきます。

そこで私が収益専門サイトや不動産総合サイトにくわえて、必ずチェックしているのが大手不動産会社の自社サイトです。

第1章でも触れていますが、私がチェックしていたのは次の会社です。

●オススメの大手不動産会社

・『住友不動産販売』(http://www.stepon.co.jp/)
・『三井のリハウス』(https://www.rehouse.co.jp/)
・『大成有楽不動産販売』(https://www.ietan.jp/)
・『東急リバブル』(http://www.livable.co.jp/)

なぜ大手の不動産会社の自社サイトを見るかというと、圧倒的に元付が多いからです。元付の不動産会社とは、「売主から直接買主を探すことを依頼された不動産会社」のこと。対して、客付の不動産業者とは、「元付の不動産会社に対して、買主を紹介する不動産会社」のことです。

元付は売主から直接依頼を受けている業者ですから、もっとも売主さんに近い存在です。これが客付業者になると、指値はもちろん、物件についての確認も客付から元付を通して売主さんへの確認となります。

私のような買う側からすれば、元付の業者に直接いった方が、売主につながっており、話が通るのも早いのです。だからこそ指値に成功していると思います。

また物件が成約に至った場合、元付業者は売主、買主の双方から売買仲介手数料をもらうことができます（いわゆる両手です）。

これが、客付業者であった場合、売主からの仲介手数料は元付業者、買主からの仲介手数料は客付業者へ支払われるため（片手といいます）、業者の旨味が減ります。

私が不動産を積極的に買い進めていた２０１３年～２０１４年は、ただ不動産投資家さんと競争したくないという理由だけで実需系の元付業者の情報を集めていました。

私は実需で扱っているような物件を、投資家向けに変えて使ったり、それを投資として回すことを考えていますから、やはり実需が強いところに行くのが王道です。また誰もが知るような大手であれば安心感があります。

気になる物件を見つけたら・・・行動あるのみ！

そして、少しでも気になる物件を見つけたら、後は行動するのみ。とくに見た瞬間にお買い得と分かるミスプライス物件はスピード勝負です。

どうでもいい物件（と言いきってしまうのも失礼ですが）はメールで問い合わせてもいいですが、「これは！」と思う物件の場合は見つけた瞬間に、担当を名指しで電話しないと、ライバルも狙っていますのでソッコーで消えてなくなります。

運よく「まだ販売中です」と言われたら、できればすぐにその足で、仕事中などですぐに行けない場合は終業後すぐに行くと、熱意だけでも伝えましょう。

そして、行くまでにマイソク（販売用図面）をメールかインターネットFAXで送ってもらい、路線価を調べたり、『登記情報提供サービス』から登記簿謄本を取ったり、周辺家賃相場を調べたり、大手業者の場合は担当のプロフィールが写真付で自社ホームページ上に公開されているので入念にチェックしたり（これが重要）、できる限りの情報を集めておきます。

私がよく参考にしていたのはポータルサイトの『SUUMO（スーモ）』です。ここにはいろんな不動産会社の、営業担当者さんの顔写真や実績が公表されています。

中には「この月は何軒売りました！」と報告していることもあります。その物件の担当者が、どのようにして売ったのかのコメントも読むことができます。私はそのような細部までくまなく見ます。

そうやってホームページを見て、「この担当者さんは優秀だ！」というのを会社ごとに個別で見つけるのです。ホームページの写真を見て、私の頭の中に一度も会ったことのない営業マンを登場させて、勝手にストーリーを組み立てます。

実需系でいえば『三井のリハウス』が、取扱件数から「売りました！」という実績まで突出しています。やはりサンリハは外せません。

なお『三井のリハウス』はグループでひとつのホームページで、支店ごとではありません。例えばグループのサイトで「売り物件」に飛ぶと、担当支店が記載してあります。

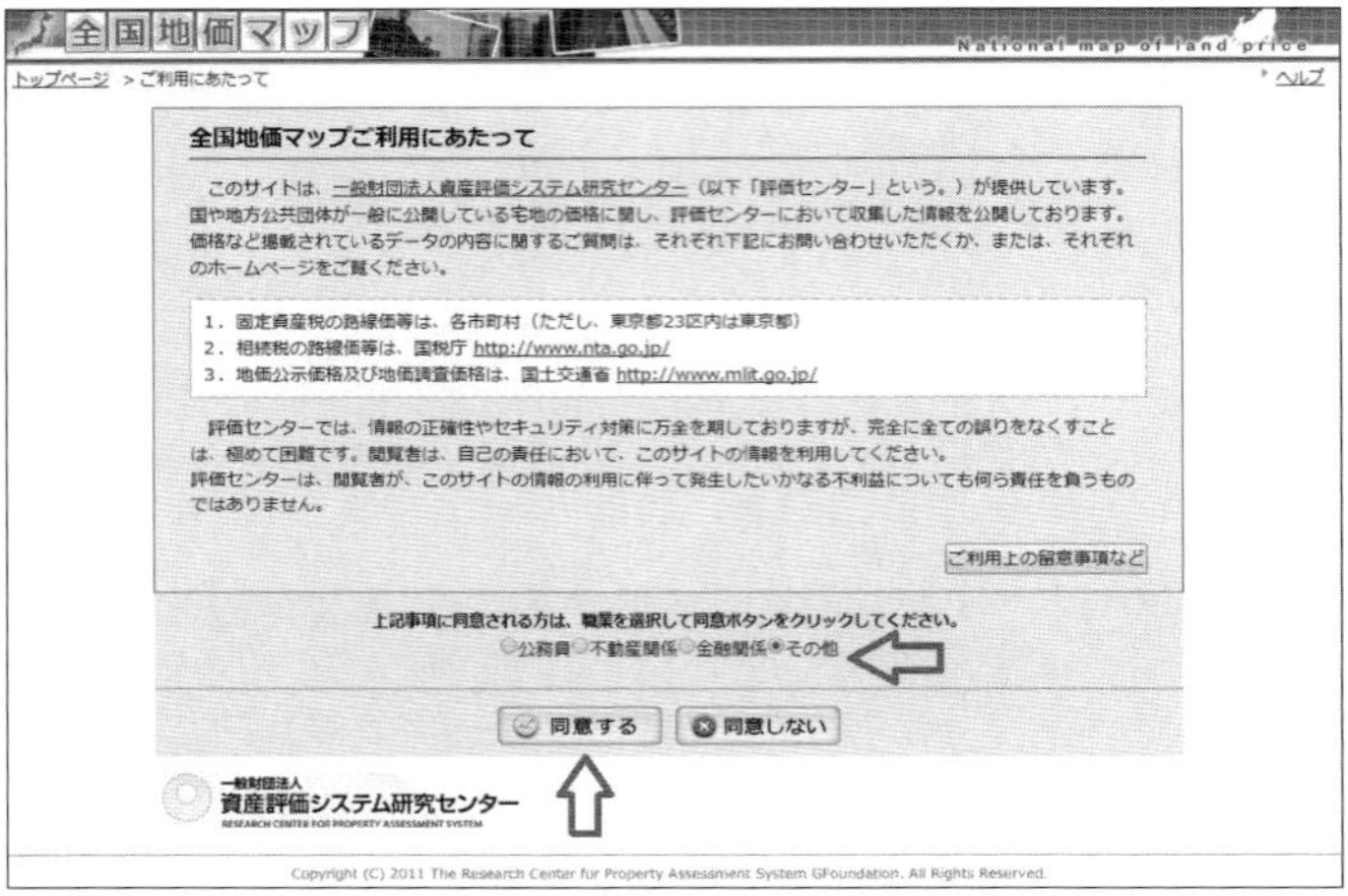

●全国地価マップ

●登記情報提供サービス

●現地へ行くまでに行っておくこと

・路線価を調べる

『全国地価マップ』（http://www.chikamap.jp/commit.asp）

・登記簿謄本を確認

『登記情報提供サービス』（http://www1.touki.or.jp/）

全部事項／３３５円を取得します。見られる情報は登記所が所有する登記情報と同じですが、「閲覧」と同等のサービスで、登記事項証明書とは異なり、法的な証明力はありません。平日８時半から21時までで、土日・早朝に利用できないのが難点です。

・家賃相場を調べる

ＨＯＭＥ'Ｓ不動産投資『見える！　賃貸経営』（http://toushi.homes.co.jp/owner/）を中心に、ＳＵＵＭＯ・ＨＯＭＥ'Ｓ・at-homeの賃貸ページで地区、築年数、駅からの徒歩分数、間取り、広さなど自分の物件と同条件の物件の募集価格を調べます。

このように、ある程度下調べをしてから現地へ向かいます。

そして、いざ担当に会ったら、物件の話よりもまず、担当さんの家族や趣味に焦点をあて、物件に到着するまでの道すがら、歩きながらでも、車の中でも、とにかく相手の話をひたすら引き出すのです。ここでさっきのプロフィールチェックが役に立ちます。

ここから先は心理テクニックを駆使した交渉術に入っていきますので、次の項でじっくり解説させていただきます。

つまり、物件情報を見つけた時点では「他の物件よりも明らかに条件がいい」程度であれば、爆安ではなくてもいいのです。

その後の交渉次第で、いくらでも「自分にとっての好条件物件」に生まれ変わらせることができます。

「心理戦」に打ち勝ち、「指値」に成功する

さあ、次はいよいよ交渉の始まりです。

私はこれ以降の交渉合戦&心理戦を勝手に「火の玉劇場」と命名しています。

まず、これからの交渉術を展開するにあたって、３冊の大変参考となる書籍を紹介したいと思います。

●火の玉劇場の参考書籍
『詐欺師入門 ―騙しの天才たち　その華麗なる手口―』（デヴィット・W・モラー著　光文社）
『影響力の武器 ―なぜ、人は動かされるのか―』（ロバート・B・チャルディーニ著　誠信書房）
『人を動かす』（デール・カーネギー　創元社）

私の最初のメンターである東田先生は大変な読書家で、ありとあらゆる種類の本をものすごくたくさん読んでいる方でした。毎週のように、オススメの書籍を紹介してもらったのですが、私はメンターの勧めるオススメ書籍を全て読みました。中には不動産投資に限らない、冒険ものやこの３冊のような心理学に通ずる本など、一見投資とはあまり関係なさそうな書籍もたくさんありましたが、ランダムに読みまくっているうちに、これらの本がどのように投資に役立つのか、わかるようになってきました。

私は、収益不動産の購入において、ちょっと詐欺師の資質が必要だと思っています。例えば、『詐欺師入門 ―騙しの天才たち その華麗なる手口―』の第1章のタイトルは、次のものです。

「信用詐欺師」の醍醐味
～カモのほうから札束を差し出す これこそ「詐欺」という芸術～

これをそのまま不動産投資バージョンにしてみると・・・

「不動産取引」の醍醐味
～売主のほうから物件を差し出す これこそ「鬼指（オニサシ）」という芸術～

いかがでしょう。全然違和感ないと思いませんか？（私だけかな？）

担当さんとの交渉は、物件を見ながらやっと物件本体の話に持っていき、笑顔で（ここが重要）、ビシバシ物件のあらゆる欠点を指摘しまくります。

最後に、自分がどれだけ不動産が好きかということについて愛を語り、今まさに見学中のボロ物件（失礼・・・）をどのように再生して、末永く維持したいと思っているか、を相手に訴え、根拠を添えてズバリ思い切った指値を言います（ここで大概の人は沈黙するかのけぞります）。

指値は無茶な値段であっても、真顔で堂々と自信満々に言うのがコツです。「あなたが間違っているのです」というのを口には出さずに態度で示します。そうすると売主側も、「ああそうかな」と考えます。

そして、買付申込書は、必ずその場で記入（なので、シャチハタはいつでも持参していることが望ましいです）、空いているところに、売主様への感謝の言葉と更に物件への愛を丁寧に書き入れ、一番最後に強烈な指値の金額を書いて担当に渡します。

これぞ、まさに『詐欺師入門』の第2章にある

舞台装置をつくる
～念入りに準備された架空の劇場「ビッグ・ストア」は最高の稼ぎ場所～

と一緒です。いかがでしょうか。まさに火の玉劇場ですね。

3日～1週間後くらいに返事をいただくことが多いですが、ほとんどが撃沈です。

それでも、100件に3件くらいはOKいただけますので、不動産は数のゲームだと思って楽しめばいいのではないかと思います。

『影響力の武器 ―なぜ、人は動かされるのか―』はありとあらゆる交渉に使える秘蔵バイブルですが、自宅契約時に実際に使った手法を一つご紹介します。

”返報性のルール“の中の「拒否したら譲歩」テクニックです。

このテクニックは、「まず相手が確実に拒否するような大きな要求を出し、相手がそれを拒否した後、それよりも小さな、自分がもともと受け入れてほしいと思っていた要求を出す」というものです。

相手に罪悪感が生まれた瞬間の要求は、受け入れられる可能性が高いのです。実例を言いましょう。

自宅購入時の販売図面上で、修繕積立金が修正されておらず、月額5000円ほど安く記載されていました。

これが物件価格であれば間違っていることを逆手に取り、その金額で売ってほしいと言えばいいのですが、管理費や修繕積立金はマンションの管理組合が決めることなので、売買仲介の業者さんにはどうにもできません。

そこで、「間違っていますよ」とこちらから指摘するのではなく、あえて向こうが「すみません、記載金額間違えていました」と言い出すまで待つのです。

相手が「間違えました」と言った瞬間に、「え!!　月に５０００円も違ったら35年間で２１０万円も違ってくるんですけど！」のように、多少演技も加えつつ、相手の小さな罪悪感をすかさず突きます。

実際は35年も住むかどうかも分からないし、修繕積立金の金額は途中値上がりすることもありますが、ここでは〝ちりも積もれば山となる〟ということを強調したいため、２１０万円という大きな数字を出すことに意味があります。

「こんなに違ってくるとなると、こちらの資金計画にも狂いが生じますので、ちょっとだけでもいいので何かサービスしていただけませんか？」とすかさず要求。その内容は「２１０万円の半額程度でできる、お風呂のフルリフォーム」（＝相手が確実に拒否する大きな要求）から始まり、「全室エアコン全取り換え」まで出して、最後「じゃあ、玄関鍵の交換だけでもいいです」（＝最終的に受け入れてもらえるであろう、小さな要求）で決着しました。

ですが、押印前の契約書面には「鍵の交換は買主負担」と書かれてありましたので、何の交渉材料もなく、鍵を交換してほしいと言ってもきっと売主さんはしてくれないでしょう（このときの売主は不動産業者でした）。

なんでもいいので理由をつけてお願いするのがコツなのです。

人間の罪悪感や良心の呵責は一瞬で消えてしまいます。

相手の罪悪感が生まれた瞬間にここぞとばかりに要求を出さないと、あっと言う間に忘れ去られてしまうので、常に〝お願いしたいことリスト〟をメモしておいて肌身離さず持ち歩くことをオススメします。

『人を動かす』を使った実例エピソードは物件運営術の項目でご紹介します。

無料耐震診断の活用

さて、このように交渉して、相場よりできる限り安く購入していくのが〝火の玉式〟ですから、キレイな物件、築浅の物件を購入するのは難しいです。

私の物件はそこまでボロボロではありませんが、5号物件だけは基礎がパッカーン

●日本木造住宅耐震補強事業者協同組合（木耐協）
(http://www.mokutaikyo.com/)

と割れて、素人の私から見ても「これはヤバイかも・・・」と思うようなひどいものでした。

そういったボロ物件を購入するのは心配、それは誰しもが感じることです。

そこでオススメしたいのは、『木耐協』の耐震診断です。簡単にいえば、地震に耐えられる物件なのか簡易的なホームインスペクションをしてくれるサービスです。

『木耐協』とは、正式名称は「日本木造住宅耐震補強事業者協同組合」といい、全国1100社以上の工務店・リフォーム会社・設計事務所などから構成される団体です。国土交通省の「住宅リフォーム事業者団体登録制度」の登録団体となっています。

『地震災害から国民の生命と財産を守るため、「安全で安心できる家づくり・まちづくり」に取り組み、耐震社会の実現を目指す』ことを基本理念とし、地震災害の備えに対する啓発活動や木造住宅の耐震性能向上のための活動を行っています（木耐協ＨＰより抜粋）。

主な活動として耐震診断を行っており、ちゃんとしたホームインスペクションは通常、約15万円もします。それが木耐協の耐震診断であれば、無料なのです。

本来であれば自宅用ですが、５号物件を購入の際、アパートも診断してくれるのか確認すると大丈夫でした。

木耐協は一部の有料地域を除いて全国どこでも無料で診断してくれます。もしも物件に心配な点があるようでしたら、木耐協で診断してもらえばいいでしょう。

ただし、無料診断にはいくつかの条件がありますので、ホームページから問合せしてみてください。

診断の結果は、正式な書面が出ます。その結果、「耐震強度が足りませんから工事をやりますか？」と問われます。この時点で初めて工事費用が発生するのですが、やらなくてもいいのです。

例えば診断だけで工事はせず「私は傾きを感じませんが、万が一を考え、正式に測ってもらいました。その結果、〝傾いていません〟という証明書が出ました」と、売主に伝えるとか、その証明書を次で使えばいいのです。

難点をいえば、調査結果が出るまでに1カ月かかります。その結果次第で買わない可能性もあります。私の場合、建物として使えない場合は購入しないという内容を特約に入れました。

契約の時に、「決済までの間に買い主負担でホームインスペクションを入れます」と記載して、耐震診断を入れた結果、「建物として再起不能という結果が出た場合は、この契約は白紙になります」という特約は盛り込んでおきました。

この了承を得るために、私は力説しました。「私はこの建物を土地としてではなく、あくまで建物として使いたいのです！」と強調しました。

「ですから、〝この建物は使えません〟と診断されたら、私はこの物件を買う意味がないのです。もし、建物として使えませんとなれば、次の方に解体して売ればいいだけの話ですし、この証明書は私が費用負担しますので」と、とにかく「負担」はとても強調しました。

現在のような市況で、このような交渉をしたら断られるかもしれません。これだけ競争が激しいときに、この上更に面倒くさいことを言うのなら、「アンタに売らないよ！」となるのが落ちでしょう

その時このような交渉が可能だったのは、最初から売り主の都合で、2～3カ月かかると言われたからです。

しかし、それがなくても耐震診断は行ったと思います。その場合であれば「決済までの間に、ホームインスペクションを入れてもいいですか？」と交渉したと思います。

このテクニックは、「自分（買主）が有利なときでなければ通用しない」ということを認識いただければと思います。

管理委託それとも自主管理、どっちにする？

経費の中には、自分の努力で変えることのできない固定費と、変えることのできる変動費があります。

管理会社を入れると月々の管理手数料がかかりますので、この部分を自主管理に変

えるだけでも数パーセントの節約になります。

ただし、本業と兼業しながらの賃貸経営ですので、手間と時間をはかりにかけて、よく考える必要があります。

私の場合は、自宅から２時間以内の範囲にあるアパートや戸建ては自主管理、管理会社を入れているのは遠隔地のアパートと区分マンションです。

区分については自主管理でも全然問題ないと思うのですが、「入居者を決めてくれたらそのまま管理もお願いします」という条件付きで募集委託していますので管理会社が付く形になっています。

管理会社を入れるか、自主管理とするか？　についてざっくりと私の雑感を書いてみます。

●管理会社を入れる理由（２点）

・遠隔地はきちんとした管理会社を選んで、現場の窓口となってしっかり管理してもらう方が、何かあったときのことを考えると結局は安上がりになる。

・入居者さんとの連絡は、全て物件近くの管理会社の担当さんを通す方が、顔が見えるので入居者さんも安心。

自分がすぐに行ける範囲の物件であれば、以下の2点を押さえることで自主管理も可能です。

【その1】火災保険付帯サービスの24時間駆け付け対応の電話番号を、保険証券番号と一緒に入居者に伝えておきます。

これで、生活上での緊急時の一時対応（水回りのトラブル、鍵の紛失など）を無料でやってもらえます。

区分であれば、建物管理会社が管理費の中で同じようなサービスを提供している場合があります。それ以上に修理が必要になる場合は、迅速に見積を取った上で判断し、できるだけはやく直します。

修繕にかかった費用は後ほど保険金対象になるかどうか検討して申請をお忘れなく。また、保険対応に当てはまらない、簡単な修理で済むような生活上のトラブル（物が壊れた、等）では、入居者さんと直接やり取りして、自分が動かず、かつ費用をあまりかけずに円滑に直す方法があります。そのコツは後述します。

【その2】家賃回収は保証会社の集金代行サービスを利用。

保証会社を通すことで万一の滞納時も安心ですし、毎月の入金確認のための通帳記入も不要です。

集金・送金手数料は保証会社によっても異なりますが、大体200〜500円程度（税別）が多いようです。入居者さんが何も言わなければそのまま負担していただいてもいいですし、難色を示すようなら大家が負担してもいいと思います。

管理会社に集金代行を依頼すると相場は大体5％で、それに比べれば格段に安いです。

集金手数料の負担はかまいませんが、保証会社自体を拒否する入居者さんの申込みは、管理会社が滞納保証まで責任を持つ、と言わない限り私の場合はお断りしています（保証会社を付けずに滞納で痛い目にあった経験は先述の通りです）。

保証料を大家が負担してでも、やはり入ってもらった方が安心できます。

このように滞納、緊急時の駆け付け対応、修繕、事故、自然災害、修繕、孤独死などさまざまなリスクに広範囲で対応可能ですので、保険と保証会社をうまく組み合わせて、上手に利用していただきたいと思います。

遠隔物件にオススメ！「動かない」運営術

火の玉劇場（指値術）の項で紹介した『影響力の武器』が交渉術のバイブルだとしたら、『人を動かす』は人づきあい術の名著です。もちろん、不動産賃貸業においてもふんだんに利用できます。

この本からの実例は、「喜んで協力させる」。4号物件、徳島アパートの入居募集時のエピソードからご紹介します。

この物件の管理会社さんは、首都圏では考えられないくらい親切で、おまけにものすごく熱心です。

私は常々、「大家は管理会社の奴隷」と申しておりますが、このときも管理会社さんの意見を１００％尊重して、（もちろんあれやこれやの提案は自分でも行います）家賃、募集条件などを決めました。

私の「早く決めるための案はなんでしょう？」という質問に、「モデルルーム化することです」とお答えいただきましたので、ソッコーで家具やウォールステッカーをネットで注文、送料込２万円以下でかなりの種類を揃えられました。

首都圏でしたら当然自分で設置に行くのですが、なんせ徳島、そう簡単には行けません。親族に頼もうにも、購入前の現地調査から始まり、看板の設置やら、アパートの掃除やら、すでにいろいろと頼んでいます。

さすがに、モデルルーム作りまで頼むのは気が引ける・・・と思っていたら、なんとこの担当のＭさん、「自分が設置してきます！」と言ってくれたのです！

「うれしいな～!!　ぜひ、カッコイイ部屋を作ってください！」と臆することなく、図々しくにこやかにお願いしちゃいました。

ちなみに家具類は日付指定でアパート宛に送ります。現場にキーボックスを設置しておき、注文時に暗証番号と自分の携帯番号を書いておき、配送員さんに自分で開けてもらって内部に家具を入れてもらう、という方式で注文しました。

家具設置だけならまだしも、さすがにウォールステッカー貼りは面倒だろうと思って、これはやめようかと思ったんですが、Ｍさんにモデル画像を送ってみたら、あまり徳島では普及してないシロモノらしく、「従業員総出で貼ってきますので、ぜひ注文して下さい！」とおっしゃっていただけました。

地方の管理会社さんは、首都圏だと「ちょっと図々しいかな」ってことでも、相手のメリットも考えて、かわいく（ここが重要）お願いしてみると意外とすんなり受け入れてくれます。


このケースでは家具設置という手間はかかりますが、管理会社のモデルルーム化提案にすぐ乗り、相手の望むモノよりも、数段オシャレかつ実用的なモノを即座に手配することにより、ライバル物件よりも早く入居者を決める可能性が高まっています。

入居が決まれば仲介手数料も入りますし、管理手数料という定額のフロー収入が確保できるといった相手のメリットになることを考えてお願いするのが鉄則です。

そうすることにより、相手は決して「やらされた」とは思わず、「これをすることにより、自分がこれだけ得をする。だからやりたい」と思い、能動的に動いてくれます。


このように、地方遠隔地物件の場合は物理的な距離もあり、自分が動くことは難しいです。自分が行ける範囲であっても、なるべく上手にパートナーである業者さんにお願いして運営していくことをオススメします。

第5章

仕事・家庭を両立しながら不動産投資で成功している4人の大家さん！

DIYで築古戸建てを再生して高利回りを目指す

☆日曜大家さん

プロフィール

サラリーマン大家。不動産については全くの素人で経験も知識もなしから2012年より不動産投資を開始。安く空き家を購入し、自分でできてしかも費用対効果の高いリフォームを実施。それ以外は業者に発注し、費用削減を図りながら再生することを得意とする。最近では子供と一緒にDIYすることに喜びを感じている。

- 著書『戸建のDIY再生による不動産投資』
  家族と一緒に楽しくDIYしながら家賃収入を得る法（セルバ出版）
- 日曜大家のブログ　http://sunday08.blog.fc2.com/
- 楽待実践大家コラム
  http://www.rakumachi.jp/news/archives/author/sundayo8

所有物件

②

⑦

⑧

⑨

①2012年　千葉県 中古戸建て　実質利回り（15.6%）約16%
②2012年　千葉県 中古戸建て　実質利回り（12.0%）約12%
③2013年　千葉県 中古戸建て　実質利回り（17.7%）約18%
④2013年　千葉県 中古戸建て　実質利回り（13.6%）約14%
⑤2013年　千葉県 中古戸建て　実質利回り（15.6%）約16%
⑥2013年　千葉県 中古戸建て　実質利回り（24.5%）約25%
⑦2014年　千葉県 中古戸建て　実質利回り（22.2%）約22%
⑧2015年　千葉県 中古戸建て　実質利回り（14.8%）約15%
⑨2015年　千葉県 中古戸建て　実質利回り（23.7%）約24%
⑩2015年　千葉県 中古戸建て　実質利回り（34.4%）約34%
⑪2015年　千葉県 中古戸建て　実質利回り（25.6%）約26%
⑫2016年　茨城県 中古戸建て　実質利回り　未定

限られた時間を有効に活用する！

火の玉ガール（以下、火）戸建てＤＩＹで有名な日曜大家さんですが、不動産投資をはじめたきっかけは何だったのですか？

日曜大家さん（以下、日）私は２０１２年８月より不動産投資を開始しました。我が家は共稼ぎをしていましたが、妻の仕事はとても激務で、体調を崩してしまい、通院しながら勤めている状況だったのです。医者からも「仕事を辞めない限り完治しないですよ」と宣告されました。そこで何とか妻１人分くらいの収入を増やせないか考えたのです。

火　なぜ不動産投資を？

日　不動産投資を選んだ理由に、以前から日本と海外の建物評価の違いに疑問を感じていたことがあります。仕事で海外を行き来することが多かったのですが、欧米では築古物件であっても価値があり流通しています。日本でも築古物件をリフォームして、長く住むことが可能であるはずだと確信して賃貸事業をはじめたのです。

火　確かに海外と比べて日本の築古物件は資産性がありませんし、家賃も経年と共に下がる一方です。はじめるにあたり、どのような勉強をされましたか？

日　不動産投資関連の書籍は一通り読みました。とくに影響を受けたのは、サラリーマン投資家として早くから活躍されていた山田里志さんです。その他にも事前に様々な不動産投資手法を研究して、今のやり方に至った形です。

火　ご存じない方のために、日曜大家さんの投

資手法をお聞かせください。

日　私の場合は空き家になっているような築古戸建てをＤＩＹして再生し、賃貸するスタイルです。もちろん業者さんと連携して物件再生を行っています。

理想なのは、入居者様に自分の持家のように感じてもらい、ご家族が笑顔で過ごせる住環境を提供することですね。入居者様から感謝され、その喜びを感じながら賃貸経営を行うことです。

火　**意識が高いですね。さすがです！　ちなみに奥様のご協力は得られていますか。**

日　不動産投資をはじめるときは猛反対をされました。そんなこともあり、多額の融資を得てレバレッジをきかせた投資はできなかったのです。それで少額からでも可能な戸建てを購入して、家賃がしっかり入ってくることを見せながら、徐々にですが妻にも不動産投資というものが何なのか、理解してもらえるようになりました。また、家賃収入がまとまって入るようになって、妻は無事に会社を退職することができました。

火　**その努力が実を結んだのですね！**

日　今では物件検索や経理も手伝ってくれていますし、業者との電話応対も行ってもらうまでに、理解と協力を得られるようになりました。

火　**素晴らしいです！　ところで賃貸事業をはじめるにあたり、自己資金はいくら用意されたのですか？**

日　８００万円からスタートしています。私たち夫婦は共稼ぎで社宅住まいをしていましたが、その家賃がなんと８０００円でした。

火　**バカ安ですね！**

日　それも水道代込みです。おかげで１人分の収入で十分に生活費を賄えることができ、残りはすべて貯蓄に回していたのです。この社宅には6年ほど過ごさせてもらいました。

火　堅実な生活ぶりですね。時間の捻出はどう工夫されていましたか？

日　やはり限られた時間を有効に活用すること。これを常に考えながら行動していますね。会社の仕事も効率的に済ませ、定時になったら帰れるようにしています。そのためには、次の日の仕事内容を整理・メモをしてから帰社するように心がけていますよ。

火　私も同じような努力をしています。効率化は大事ですよね。

日　出張時に乗る新幹線や飛行機の中でもそうですし、空港の待ち時間など隙間時間を有効に使うようにしています。これはＤＩＹをする際も同じです。効率的に行うためには作業内容を明確にして、作業手順を決めてからスタートします。事前の準備を怠ると、いざ現場で道具を忘れたとなれば、それこそ時間の無駄ですからね！

火　物件調査などはどのように？

日　車通勤でしたので会社の帰りなどに行っていました。車の中に買付証明書とライト・水平器・ビー玉などワンセットをいつも入れています。書籍に詳しくありますが物件チェックリストも常に用意しています。

火　そこはやはりスピード勝負ですね。

日　そうやって迅速に動くことによって、より良い物件情報が、インターネットに出る前の川上情報が入ってくるようになります。

火　なるほど。それは羨ましいです。ところで

日曜大家さんにとって不動産投資の魅力とは何でしょう？

日　例えば株やFXのような投資ですと、世界情勢に左右されて大幅に変動し、自分の意思ではコントロールすることが難しいものです。しかし不動産投資においては金融機関の選定、物件購入からリフォームの内容まで、そのリフォーム業者や客付業者、管理会社の選定に家賃設定まで、自らがコントロールできる部分が多い点が魅力ですね。

火 同感です。今後、目指されているのは何ですか？

日 これまで通り焦らず、戸建てを20戸くらいまで増やしていきたいと考えています。それと平行して、将来的には空き家問題で悩んでいる方の役に立つようなこともやっていきたいですね。

火 日曜大家さんらしくて立派だと思います。

仕事をしながら、これから不動産投資をはじめようとしている方に、1棟目を購入するコツをお願いします。

日 そうですね。仕事をしながらだとなかなか思うように時間もとれず、「不動産投資をやるなど夢のような話では？」と思われている方が多いかもしれません。

これは私自身にも言い聞かせてきたことなのですが、自分の強みを最大限に活用することをオススメします。例えば営業の仕事をしている方なら、コミュニケーション能力を活かして不動産投資を行う。またインテリアに興味のある女性でしたら、購入した物件の内装デザインを自身で手がけてみるのもいいでしょう。

上場企業にお勤めであれば、銀行との交渉で有利に融資を引くことが可能です。私のように「日曜大工をやってみたい！」という人でしたら、DIYを活用して不動産投資することもできます。どうか勇気を持って第一歩を踏み出して欲しいです。

火　日曜大家さんは短期間で順調に買い増やしていますが、何かコツはありますか？

日　限られた時間を有効に活用しながら、常に不動産投資の情報を収集するように努めることです。

やはり自分だけでは不動産投資は成り立ちません。それには信頼できる業者さんと連携、すなわちチームをつくって運営をしていくことで、買い増しや満室経営ができると考えています。

業者さんに対しては、安さだけを求めるのではなく、お互いのことを思いやる姿勢が大事だと思います。

火　その他にアドバイスはありますか。

日　物件は他と同じものは1つもありません。

外見は同じでも保有している地域やメンテナンスの状態、それに大家力によって大きく違ってきます。言い換えれば大家力によって、物件の価値を上げることが可能なのです！

その大家力を向上させるためには、書籍やセミナー、ネットといった不動産投資に関わる情報がたくさんあります。

私は実践体験が一番重要だと感じております。情報を活用して、自ら行動することが大切です。行動しなければ得られないことがたくさんあるからです。

火　はい。その通りだと思います。

日　身の丈に合った物件を購入して、まずは賃貸業を経験してみましょう。そこで、ご自身が不動産投資に向いているのか判断してください。そして不動産投資に向いていると感じたら、自分に最適な不動産投資スタイルを突き進んでみたらいかがでしょうか。

火　ありがとうございます！

利回り20%以上のボロ戸建てを買い進める主婦大家さん

☆舛添菜穂子さん

プロフィール

ネットでは、「パート主婦大家なっちー」の愛称でおなじみの主婦。大阪在住の独身OL時代に倒産・リストラ・ブラック企業を渡り歩き、さらにFXで失敗する。その後、確実な財テクを探していたところ不動産投資に出会い勉強を開始。資金300万円を使い地元大阪に中古戸建を購入して、大家さんデビューを果たす。その後、千葉で立て続けに戸建を3戸購入、大阪にも1戸購入して一気に5戸までに拡大。さらに団地やマンションの区分所有も3室購入し、現在の家賃収入は月額40万円以上となった。“パート主婦の属性で、融資なしからはじめる”という再現性の高い手法がメディアから注目を浴び、TV出演やビジネス誌インタビュー、セミナーや勉強会への講師依頼も殺到中

●著書『〈最新版〉パート主婦、“戸建て大家さん”はじめました！』（ごま書房新社）
●ブログ『パート主婦、“戸建て大家さん”はじめました！』
http://ameblo.jp/naaachin0225/

所有物件

②千葉の戸建て

⑦千葉の区分マンション

⑧千葉の団地（区分所有）

①2010年　大阪府 中古戸建て　表面利回り22%
②2012年　東京都 中古区分マンション　表面利回り16.5%
③2013年　千葉県 中古戸建て　表面利回り21.7%
④2013年　千葉県 中古戸建て　表面利回り25.7%
⑤2014年　千葉県 中古戸建て　表面利回り21.6%
⑥2014年　大阪府 中古戸建て　表面利回り23.6%
⑦2015年　千葉県 中古区分マンション　表面利回り17.3%
⑧2016年　千葉県 団地　表面利回り未定

ＯＬ時代の倹約生活で自己資金をつくる！

火の玉ガール（以下、火）　ご無沙汰しています。さっそくですが、なっちーさんは不動産投資を行うために、これまでどのような工夫をされてきましたか？

なっちーさん（以下、な）　私が不動産投資を行うにあたって、主人の協力はありません。自己資金はすべてＯＬ時代に貯めています。

火　どのような節約を？

な　新卒時代にさかのぼりますが、私が就職した年は就職氷河期で、50社も就職試験に落ち続けていました。なかなか就職先が決まらず、ようやく短大の先生の紹介でアパレル会社の入社が決まったのですが、薄給で手取り８万円しかありませんでした。

火　私も独身時代それくらいの手取りで生活したことがありますが、かなりきついですよね。

な　自宅にいたので何とかなりました。でも、お友達とも遊びたいし、おしゃれもしたい年頃です。私は買い物をするときも最安値を求め、金券ショップをフル活用しました。地下鉄も必ず回数券です。11回分が10回分の値段で買えます。

飲食店は割引クーポンを利用するのは当たり前で、あらかじめクーポンが使える店をチェックしていますし、出先で店を決めたら、すぐ使えるクーポンがないか探します。

そうやって節約精神が骨の髄まで染み込んだおかげで、勤めている4年間で１００万円ほど貯まりました。それから間もなくして１社目のアパレル会社の経営が傾き、私はリストラされてしまいます。といっても再就職先として関連会社へのあっせんもあり、退職金を１００万円ほど受け取ることができたのです。

火　今の時代に比べるとまだ良い条件だったのですね。

な　はい。その次に勤めた倉庫会社で手取り15万円になったのですが、将来に不安を感じて週末の金曜の夜と土日、それに祝日も飲食店でアルバイトをすることに決めたのです。

火　ダブルワークですね！

な　悪い予感は当たり、次の会社も倒産してしまい、その次はお給料いいけれどブラック会社でした。毎日、終電に乗るような生活でさすがにバイトはできなかったので金利の高い定期預金をしたり、国債も買うようになりました。

FXに手を出して失敗もしていますが、そうやって独身時代にまとまった自己資金をつくれたので、不動産投資をスムーズにはじめることができました。

火　楽しみながらの倹約生活は、なっちーさんらしいですね。今は主婦大家ですが、家庭を持ちながら不動産投資するコツはありますか？

な　私にとって物件情報を探すこと、物件を見ること自体が一番の趣味です。ですから、睡眠をけずってでも時間の捻出はします。

火　同感です。好きだからこそやれるわけですね！　ご主人はまったく無関心ですか？

な　主人は私と真逆の性格です。普通に会社勤めをして、組織の中で出世するのが目標です。互いにあまり干渉し過ぎず、束縛しないようにしています。身体に無理がないのであれば仕事をがんばって欲しいと思います。

火　なっちーさんの活動はご存じないのですか？

な　なっちー会や出版記念パーティーなどイベントも来ませんよ。それでもＯＫです。主人が協力しないことが、私にとっては協力になっていますから。私のやっている不動産投資に対して変に口出しされることもありません。

火　あなたはあなた、私は私というスタンスですね。その距離感がいいのかもしれません。ところで、なっちーさんといえば、戸建て投資です。どんな条件で買っていますか？

な　表面利回り20％以上のボロ戸建てを購入しています。ただし、努力なしでこの数字は獲得できません。それこそ地道に業者をまわり、営業していくのです。どんなにボロくても、安く買ったものを再生してお客さんを入れて、20％以上の高利回りを維持していれば5年で回収できます。それが私流ですね。

火　「そこまで時間と労力は注げない」という人もいます。たしかにそれは一理あり、けっこう大変な作業であることに違いありません。

な　大切なのは、その人なりに合ったやり方を早く見つけることですね。もしも私のやり方がしっくりくる人であれば参考にしてもらえばいいですし、「これが正解！」というものはないと思います。その人によって手法はバラバラですから。

火　その通りですね。これから不動産投資をはじめようとしている方へ、まず1棟目を取得するためには、どのようなことをすればいいのか、なっちー流のアドバイスをお願いします。

な　そうですね。私は、投資物件はご縁だと思っています。それこそ大阪に住んでいるのに、両親が買った物件は、２回も逃しているのに、結果的に買えた実績があります。反対に、買付が入って「さあ、買うぞ！」と意気込んでいたら、パタンと話がなくなったりもしますし。

火　たしかに、そういうことはあります。

な　いい物件情報がきたらすぐ見に行くべきです。でも、それで買えなければ、仕事があるからダメだったとは思って欲しくないですね。ご縁があれば、きっと買えますから。

火　買えないからといってネガティブに受け取らないことですね？

な　その通りです。買えるときは買えますし、買えない時はいくら時間をつかっても買えません。各々ができる範囲の行動で物件探しをすればいいと思います。

火　あきらめないことが大事ですよね。

な　いつか出会えますよ。今回はダメでも次がありますし。続けていくことが大事です。株とちがって不動産は現物ですから、「これが欲しいです！」とお金を払えば誰でも買えるものではないですから。

火　値段もあってないような世界ですし。

な　「ダメもとで指値をしたら通った！」なんてことは、不動産投資の醍醐味のひとつでもあります。

火　所有物件を高稼働させながら、買い増やすためには何をすればいいでしょう？

な　やはり待っていてはダメです。自ら物件探しを継続していくこと。地味な作業ですが、これを続けていくことで未来が開けます。そのためには、いつも初心を忘れないことですね！

火　たしかにそうですね。不動産投資の目標を

お聞かせください。今後はどう買い進む予定でしょうか。

な　私の目標に家賃月収50万円があります。よく「そろそろ1棟物をやったら？」とアドバイスを受けます。でも新築は自分でやっていてワクワクしません。私にとっては地方にあるボロ物件、それも誰からも買い手のつかないような物件ほど惹かれますね。いくら手間はかかっても、そのような物件が好きです。

火　**目標は現在どれくらいまで達成していますか？**

な　この調子でやっていけば、目標とする家賃月収50万円があと少しで達成できそうです。その後は倍にしていきたいです。それでも融資を限度額目いっぱい借りてまでして、大きな物件を買う意識はありません。これまで通り、現金中心に小さく堅実に進めていきたいです。

火　**それでは最後になりますが、読者へコメントをお願いします！**

な　現物資産である「収益不動産」には、株やFXなど紙の資産にはない魅力がいろいろあります。とくに思うのは、「自分の努力で、利回りが上げられる唯一の投資」だということです。自分が操作できるところに不動産投資の醍醐味があり、努力した分だけリターンがしっかり得られると思います。それだけに、「忙しいからできない」「仕事をしているから時間がない」そう思われる方にはオススメできません。「やる！」と決めたら、忙しさを理由にしないことです。

火　**なっちー流の極意が少しわかった気がします。本日はありがとうございました！**

22歳で不動産投資をはじめたOL大家さん

☆奈湖ともこさん

プロフィール

「OL大家なこ」こと奈湖ともこさん。22歳大学在学中に融資を引きアパートを横浜市に購入し、その後物件を買い増し現在25歳でアパート2つに戸建て2つ所有。現在毎月キャッシュフロー 30万円

●ブログ
http://ameblo.jp/nako78/

所有物件

①

①2013年　神奈川県横浜市 中古一棟アパート　実質利回り約12%
②2014年　神奈川県逗子市 中古戸建て　実質利回り約10%
③20015年　神奈川県横浜市 中古戸建て　実質利回り約15%
④20016年　神奈川県横浜市 中古アパート　実質利回り約10%

②

③

④

融資がつく築古物件を神奈川県に絞って購入

火の玉ガール（以下、火）　奈湖さんはまだ25歳ですか！　その若さでなぜ不動産投資をはじめようと思ったのですか？

奈湖さん（以下、な）　２０１２年、21歳のときに母に連れられて、不動産投資の勉強会へ参加したのがきっかけです。実際に不動産で収入を得て、サラリーマンを辞められた方のお話を聞き、「私もやろう！」と思い立ったのです。

火　決断が早いですね。しかし、お母様ではなくて、奈湖さんがはじめたのは、なぜ？

な　母も興味があったようですが、自営の父の手伝いをしているため、属性も資金もなかったのです。父の協力を得られれば良かったのですが、それが難しくて・・・。

私が不動産投資に惹かれたのは、自分が働かなくても家賃が継続して入ってくること、売ったときも高く売れたら利益が出ることでした。それも始めるときに自分のお金を使うのではなく、銀行のお金で投資ができることに新鮮な驚きを覚えたのです。

火　それにしても、よく資金がありましたね！

な　不動産投資を開始する時点で３００万円の貯金がありました。

私は高校を中退してギャルをしていた時期もあるのですが、そんなときもしっかりバイトに励んでいました。神宮球場のビール売りを皮切りに、コンビニ店員や飲食系もやりました。そうやってコツコツと貯金をしていたのです。

火　10代はギャルでしたか。

な　本格的な貯蓄生活は不動産を買おうと決め

たときです。1人暮らしから実家暮らしに戻り、ブームに乗って断捨離（だんしゃり）をしたことも後押しになったと思います。具体的には、それまでの全ての生活費を書き出して、スマホの2台持ちをやめました。あれほどギャル時代に力を入れていたネイルやカラコンもやめ、美容院も安いお店にしました。未だにネイルやカラコンはしていませんよ。こうして毎月かかるお金を減らしていきました。

火　**ギャルの経験は私にはありませんが、華やかな生活をしている人が、節約生活に切り替えるのは大変でしょうね。**

な　私の場合、節約には3段階ありました。1段階目は高校を辞めてバイトに励んでいた時代です。学校に通っている子に比べて時間がありましたので、かなりお金は使ってはいたものの、それでも貯めることができました。

2段階目は21歳で実家暮らしをはじめたときです。不動産投資をはじめるためにはお金が必要と考え、ひたすら貯蓄に勤しみました。

そして3段階目は22歳で、はじめて物件を買ってからです。

火　**それは家賃収入を貯めているから？**

な　そうです。それに人生で初めての借金をしたら、すごく不安になって「無駄遣いしている場合じゃないぞ！」と（笑）。よく、不動産投資で物件を買って、「これからは家賃収入が入って安心！」というサラリーマンのお話を聞きますが、私の場合はむしろドキドキして、さらに本気で貯めはじめたのです。

火　**その気持ちはわかるような気もします。投**

な　資手法はどんな？

戸建てと木造アパートなど、築古物件をローンで購入します。その際の基準は、土地値で利回り10％以上を狙っています。

火　**堅実ですね。奈湖さんも昼間はお勤めですが、不動産投資にあてられる時間はどのようにしてやりくりを？**

な　平日だと1～2時間くらい本を読んだり、ネットで物件検索をしています。平日の午前中にお休みをもらって銀行まわりをしたこともありますが、やはり、まとまった時間がとれるのは週末に限られてしまいますね。今週はセミナーに通い、来週は物件を見に行くといった感じで行動しています。

火　**22歳という若さで投資をはじめるにあたって、ハンデはありましたか？**

な　歳が若いため、業者さんから「え!?」みたいな対応をされるので、その回避策として、物件調査は母に同行してもらいます。母がきっかけで不動産投資をはじめたので協力的なのです。

火　**目標にしている規模や金額はありますか？**

な　壮大な目標ですが、年間家賃収入1億円以上、毎月のキャッシュフロー３００万円、自己資本比率30％以上を目指しています。ここ数年の目標ですと、年間家賃収入２４００万円以上、毎月のキャッシュフロー１００万円ですね。

現在は毎月のキャッシュフローが30万円で、年間家賃収入は７００万円あります。現預金は秘密です（笑）。

将来は不動産投資に賛成してくれる人と結婚できたらいいなと思っています。できればデートをしながら物件を見に行って、いっしょに日曜大工がしてみたいですね。

火　**仕事を持ちながら物件購入するには、どのような行動が必要だと思いますか？**

な　私は物件を買うまで、休みの日はすべて不動産投資の活動に使いました。プライベートも遊びに行かなかったですね。

あと、買った後に満室経営をするには、マメに管理会社さんへ連絡することが大切だと思います。そして次の物件を買いたいなら、家賃収入には絶対に手を付けないことです。

火　**ありがとうございます。奈湖さんもこれからがんばってくださいね！**

「地方・築古・高利回り」を狙って1棟物件を買い進める！

☆埼玉swallows（スワローズ）さん

プロフィール

地方・築古・高利回りを行う現役サラリーマン投資家。物件管理や買い付けなどで地方、遠方に行った時には地元の名物料理を食べたり、温泉に入ったり観光もエンジョイするスタイル。最近は物販等、アパート以外への収益の道も模索中。サラリーマン卒業を目指し、日夜不動産投資活動、物件検索に明け暮れている。

●ブログ
http://saitamaswallows.seesaa.net/

所有物件

⑤

⑦

⑧

①2005年　群馬県前橋市 中古RC区分マンション　実質利回り約13%　売却済
②2006年　神奈川県横須賀市 中古木造アパート　実質利回り約15%
③2007年　栃木県小山市 中古木造アパート　実質利回り約17%
④2008年　神奈川県相模原市 中古重量鉄骨マンション　実質利回り約11%　売却済
⑤2009年　石川県七尾市 中古木造アパート　実質利回り約57%
⑥2012年　石川県七尾市 中古木造アパート　実質利回り約28%
⑦2013年　石川県小松市 中古木造アパート　実質利回り約40%
⑧2016年　石川県七尾市 中古木造アパート　実質利回り約25%

徹底して収益性を追求、利回り50％超えも！

火の玉ガール（以下、火）大先輩の埼玉swallows（スワローズ）さんとは大家さんのコミュニティ「東京築古組」でご一緒させていただいています。

埼玉swallowsさん（以下、さ）はじめてお会いしたのは、たしか2〜3年前ですよね。火の玉さんはものすごく元気でパワーがあり、よくしゃべる人だなあという印象を持ちました。女性投資家には珍しく高利回りの物件を持っている人で、とにかくパワフルに動かれているイメージを抱きました。

火　恐れ入ります。ところでスワローズさんが不動産投資をはじめられた動機は何だったのですか？

さ　2004年に、ある有名大家さんがTVで紹介されていたのを視たのがきっかけです。自分もやってみたくなりました。それ以前から私は物販の副業をしていたことがあり、仕入れや配送などサラリーマンの傍らではとても時間が足りないと実感していたのです。しかし大家さんならサラリーマンを続けながらでも可能だと思い、それから1年間の研究を経て、競売物件だった群馬県の中古区分マンションからスタートしました。

火　競売からはじめられたのですね。

さ　お部屋を提供して入居者さんから家賃をいただく、といった至極シンプルなビジネスで、すでに確立されたアウトソースが活用できる点も魅力ですね。しかも費用は銀行からの融資が使えます。そして月々に決まった安定収入が得られるのも不動産事業の魅力だと思います。

火　その通りですね。行っている不動産投資の手法はどういったものでしょう。

さ　ずばり地方・築古・高利回りです。しかし、最初は経験がないので、見当違いの物件を買ってしまいました。すでに売却済ですが1戸目に購入した区分は、地方にも関わらず駐車場がなかったのです。

その後、首都圏の方がいいのかなと神奈川県で中古の木造アパートを買ったのですが、こちらも実質利回りが約15％でまあまあですがもっと収益性の高い物件が欲しかった。

それで地方で購入したところ利回りが増えて自信がつきました。「やはり高利回りがいい！」とあらためて思い直し、地方の築古で高利回りを目指す方針になりました。

火　高利回りの基準が高いですね！　最近は石川県で買い進められているようですが、何か理由が？

さ　とくに地縁はありません。たまたま高利回りの物件と巡り合っただけです。一度購入すれば、その後も情報が継続的に入ってきやすくなり、同じ石川で買い進めています。

エリアが統一されていると買いやすいのが利点です。リフォームも同じ業者ですから便利ですね。

火　たしかにそうですね。スワローズさんの物件探しのポイントは？

さ　今はそこまでは難しいですが、２００８年のリーマンショック後は、物件が値下がりしていましたから、利回り50％を目指すように心がけていました。最近は物件価格が高騰しているので、実質利回り20％を目標にしています。

また最初に群馬で買った区分マンションの反省から、駐車場は最低でも１部屋１台分を確保したいですね。

あとは利便性ですね。いくら地方といっても田んぼや畑ばかりではダメですね。幹線道路が近くにある、コンビニやスーパーが充実しているといった暮らしやすい場所であることを重視しています。

私の場合、とりわけこだわっているのは物件の大きさです。4戸や2戸では手間がかかるわりに利益が少ないでしょう？　できれば8戸～10戸は欲しいです。これがファミリータイプになると6戸でも値段次第になるのですが・・・。

火　**なるほど、参考になります。不動産投資をはじめるとき、資金はいくらでしたか。その資金はどのようにして貯めたのですか？**

さ　350万円でスタートしています。じつは不動産を始める前に、物販ビジネスで自己資金を失った経験があります。この最初の副業を始める時点では700万円ほどありました。

火　**ええっ！　それは大変でしたね。**

さ　不動産投資をはじめる前は、会社の給料天引きの貯蓄をしたら、貯金のペースが格段に上がりましたね。それまでは給料から生活費を使って、残ったお金を貯蓄に回していました。

火　**サラリーマンをされながらの二足の草鞋ですが、どのような工夫をされているのですか？**

さ　会社の仕事量を減らしました。不動産投資をはじめるまでは、上司に対して「仕事に積極的な自分」をアピールしてきましたが、毎月家賃が入ってくるようになると、極力自分からは仕事を取りに行くようなこともなくなりました。

火　**ところで奥様は不動産投資についてご理解があるのですか？**

さ　最初のころは黙認ですが、今は渋々ですね。

賃貸事業が順調に回転して収益が上がるにつれ、愚痴をこぼされることもなくなりました（苦笑）。ちなみに妻は不動産には一切ノータッチです。もっぱら私の自由にやらせてもらっていますよ。

火　**目標とされている収益をお聞かせください。現在はどれくらいまで達成されましたか？**

さ　キャッシュフローベースなら、サラリーマンで得られる収入の2倍を目指しています。それが達成できたら会社員を卒業したいのですが、今の達成度は60％くらいです。

火　**これまで10年以上に渡って投資物件を購入、運営されてきましたが、どうやってモチベーションを維持しているのですか？**

さ　シンプルですが、やはり不動産の収益が上がっていれば楽しいものです。それに視察や打合せで地方へ足を運ぶだけでもリフレッシュできますよ。

石川県でアパートを4棟運営していますが、ここは魚が安くて美味しく、温泉もあります。旅行気分で楽しみながらやっているのが精神的にもいいのでしょうね。物件を買った後は、平均すると1〜2カ月に1度は足を運んでいますが、これが苦痛だと遠隔地の運営は続かないのではないでしょうか。あまり突き詰めすぎず、適当に手を抜きながらやっていくのがコツのような気がしますね。

火　**楽しむことがポイントですね！　1棟目の購入を目指している人たちにアドバイスをお願いします。**

さ　とにかく1棟目は大失敗しないように注意して欲しいですね。そのためには身銭を切ってでも信頼のおける人からアドバイスをもらった方がよいと思います。反対に、決して上手く運用していない人にアドバイスを求めてはいけません。

火　物件を買い増やしていくためにはどうすればいいでしょう？

さ　僕なりに3つのポイントがあると考えています。

①世帯収入を増やす

家族がいれば、奥さんにフルタイムで就労してもらうのが理想です。世帯収入が上がれば物件が買いやすくなりますから、規模が大きくなるまでは協力を得たいところですね。もちろん、積極的に家事の参加は必要だと思います。

②積算価値の高い物件を地方に買う

1棟目に低積算の物件を買ってしまうと、その後買い進めるのが難しくなります。債務超過になってしまいます。

都会では高積算と高利回りは両立しません。これが地方なら可能になります。築古でもRCなら築20年は大丈夫です。あるいは土地に価値があれば木造でもかまいません。

③常日頃の切磋琢磨を怠らない

勉強会やセミナーへ出席して、常にアンテナをはっていないと良い物件が出てきたとき瞬時に買付を入れることができません。せっかくいい物件があるのにもったいないことです。常に勉強しながらやっていかなければ難しいと思います。

火　**なるほど、参考になります。**

さ　現在の市況は不動産が買いづらい状況ですが、毎日コツコツ続けていけば、必ず良い物件を購入することができます。どうか諦めずにがんばってください。

また、購入する前には、有料セミナーや大家の会などに足を運び、先輩大家さんたちの生の情報に触れたり、上手く運用している人をお手本にしてください！

おわりに　～ゴールは50歳、世帯年収3000万円を目指す～

最後までお読みいただきまして、ありがとうございます。

本書により、皆様の人生に何かしらきっかけが生まれれば著者として本望です。


不動産投資を始めるにあたって、目標設定は不可欠です。私自身の不動産投資の目標は「世帯年収3000万円」です。

自分1人の年収目標が1000万円ではなく、ダンナと子どもを加えた3人で3000万円を達成することをゴールに考えています。


また、お金を稼ぐことは、その先にある目的や目標を達成するための手段であって、「稼いだ後、何がしたいか?」がなければ意味がありません。

一番は、「息子がやりたいことを好きなだけ、思う存分できる環境」を作りたいのですが、何しろまだ2分の1成人式を迎えたばかりのほんの子どもです。

今、そんなことを彼に言っても、「え、じゃあ一生遊んで暮らしていいの?」という、一番なってほしくない考えを持つようになっても不思議ではありません。

好きなことをして生きる、というのは決してなまけること、遊んで暮らすことではありません。

自由に生きていきたければ、それに見合う責任を果たさなければいけないのです。

私は息子には、印鑑登録のできる15歳になったら具体的な不動産投資のやり方を教え、自分名義の物件を持てるように貯金や教育に励んでいますが、未来はどうなるか分かりません。

「自分が若いときにしなくて後悔したこと」を息子にさせないため、計画を立て、勉強、習い事、読書など、これというタイミングで熱心に薦めてみたりもしましたが、だんだんと自我の強くなる息子と毎日接するたび、「あぁ、子どもは親の所有物じゃないんだから、自分の思い通りに育てようなんておこがましいし、間違ってるな」と反省します。

私が50歳になったら、息子は18歳。ちょうど大学に通うころです。

18歳といえば、もう今では選挙権もあり、立派な大人の仲間入りですから、そこを一つの区切りと考えて、それまでに親としてサポートできることがあれば全力で応援し、支えになりたいと思っています。

「生まれたときから反抗期」だった自分に比べれば、息子の反抗など取るに足らない小さなことです。

決して、「こういう風に育ってほしい」を押し付けず、彼の性質や幸せを一番に考えてアドバイスしているつもりですが、なかなか難しいです。

「子どもは思うように育たない」ものですが、「子どもがどのようなふるまいをしても、冷静沈着に対応する」ことが本当に難しいのです。

理想の子ども像を押し付ける前に、まず子どもが親に何を望んでいるのかを知らないといけませんね。

これからの約10年弱の歩みとしては、私としてはできるだけサラリーマンと家庭と投資活動は両立していきたいと考えています。

ただ、サラリーマン生活において40代といえば一番稼ぎ頭にならねばならず、それなりの責任もともないますので、いつまでもヒラでいるわけにもいかないのが悩みのタネです。

今後もずっと定時退社&有給１００％消化&休日出勤無、という私的サラリーマンの理想の生活ができる限りは、今の生活をコツコツ続けながら資産を殖やしていきたいと考えています。

子どもが1人であることを考えたら、今後の10年はお金も必要ですが、より時間に対してシビアにならなければいけないと思います。

体力も衰えてくるでしょうから、睡眠時間を削って時間を作り出すこともできません。特に男の子の場合、結婚してしまったら完全に嫁側についてしまいますので（うちのダンナを見てるとよーく分かります）、家族でいられる今のうちに、自分の全身全霊をかけて「教育」という名の投資を息子に与えたいと思います。

ダンナは体に害が出ない限り、定年までサラリーマン生活を続けると思いますので、労働の他に得ることのできる収入の仕組みを一緒に実践してもらい、ダンナ名義の物件も副業規程に抵触しない範囲で持ってもらい、2人で法人を作って将来的に息子に残す、など具体的なやり方について話し合っています。

私が不動産投資を始めたばかりの頃はまったくの無関心だった彼も、今では物件の売買契約についてくるほどまでに成長しました。

未だに「借金＝悪」という思考からは逃れられないようなので、ローンの保証人のハンコはまだついてもらえないかもしれませんが、興味を持ってくれるようになっただけでも大進歩です。

今では、毎月の家賃入金履歴（レントロール）を見せ、修繕やトラブルが発生したら全て報告、保険金の申請や管理会社担当とのやり取りなども全て公開して、実際の現場を見てもらうようにしています。

不動産は決して「ラクして儲かる」投資ではありませんが、「一生懸命真摯に向き合えば必ず結果が付いてくる」事業だと思っています。

まったく不動産と無縁で生きて来て、何がなにやらわからない、という人には確かに敷居の高い世界かもしれませんが、実際中に入ってみるときちんと結果を出している、尊敬できる先輩大家さんがたくさんいます。

そして、その人たちから軽蔑されない、人の道に外れない信念をしっかり持ってやり通せば、不動産投資に本当の意味での「失敗」はないと思います。どんな物件であれ、自分がきちんと料理できればそれは「成功」なのです。

最後に、この場を借りて謝辞を申し上げたいと思います。

大家仲間のみなさま、諸先輩方、ファイナンシャルアカデミーのみなさま、ふどうさんぽのみなさま、満室経営新聞のみなさま、いつもお世話になり多くを学ばせていただきありがとうございます。これからもよろしくお願いします。

また、娘の私を応援してくれるお父さん、お母さん、生んでくれて育ててくれてありがとう。徳島のおじいちゃん。本当の娘のように接してくれるお義母さん、天国のお義父さん。そして、この口うるさく、面倒な嫁・母である私と毎日一緒にいて一番大変な目に遭っているであろうダンナと息子。2人は私の生きる希望です。いつも本当にありがとうね。

出版に際して私を見つけてくださいましたごま書房新社の大熊さん、お手伝いをしてくださった布施さん、私の未熟な言い回しとつたない文面をすばらしい文章に仕上げていただきありがとうございます。

そして、この本を手に取ってくださったみなさま。お読みくださり本当にありがとうございます。

あなたの人生が幸多きものとなりますように。

2016年10月吉日

日野たまき

・著者プロフィール

日野 たまき（ひの たまき）

徳島県出身、東京都在住の働くパワフル子育て主婦。社会保険労務士、ファイナンシャル・プランニング技能士2級の資格も持つ。

中国へ留学した経験を活かし、都内にて海外インバウンド旅行会社で活躍する現役のキャリアウーマン。さらに、本業以外でももともと好きだった「ひと」と「お金」に関する問題にもっと深くかかわるために社会保険労務士試験を受験し一発合格、ファイナンシャル・プランニング技能士（AFP）2級の資格も取得している。

素人からはじめた不動産投資もわずか2年でアパート2棟、戸建2棟、区分2戸（全10戸）を買い進め、現在は家賃月収40万円以上を達成。世帯手取り年収1000万円×3人を目指してさらなる躍進を続けている。また、義父の相続をきっかけに配偶者とともに不動産所有法人を引き継ぎ不動産業として、物件再生・運営中。

不動産投資に対しての情熱とキャリアを活かした熱弁が業界で話題を呼び、人気媒体でのコラム執筆、セミナー講師、メディアインタビューなど活躍の場を広げている。

●Facebook『火の玉ガール@hinotamagirl』
●ブログ『Dreams In Your hands,Do It Yourself by火の玉ガール』
http://fasrip.ldblog.jp/
●『満室経営プレミアム』コラム
https://www.fudousantoushi-ec.com/products/detail.php?product_id＝422
●『DAYLY ANDS』コラム「火の玉ガールの本棚」
https://daily-ands.jp/posts/57cd744573f32139d913ec66

不動産投資で人生が熱くなる！

著　者	日野 たまき
発行者	池田 雅行
発行所	株式会社 ごま書房新社 〒101-0031 東京都千代田区東神田1-5-5 マルキビル7F TEL 03-3865-8641（代） FAX 03-3865-8643
イラスト	あらいぴろよ
カバーデザイン	堀川 もと恵（@magimo創作所）
編集協力	布施 ゆき
印刷・製本	倉敷印刷株式会社

ISBN978-4-341-08656-5 C0034